# 大学美育

主　编：吴　洁　余朝霞　姚文静
参　编：水天慧　乔　治　谢　怡
　　　　胡　江　张毓敏

华中科技大学出版社
http://press.hust.edu.cn
中国·武汉

## 内 容 提 要

本书立足审美教育,从美和美育的基本常识、基本理论出发,分为美的认识、美的欣赏、美的体验三大篇进行介绍,使读者获得关于美的基本认知,掌握艺术鉴赏方法,提高审美与人文素养。全书由十二章组成,涵盖美的源流和历程、美的教育和功能、文学之美、绘画之美、书法之美、陶瓷之美、声乐之美、戏曲之美、非遗之美,以及校园之旅、乡村之旅、神奇之旅,力求做到博而不泛、杂而不空,全景式、精微化探究多个艺术门类的审美内涵。

本书内容翔实、讲解生动,注重引入经典传统文化艺术案例赏析,展示中国独特的人文力量、美学特征,以增强中华优秀传统文化和社会主义核心价值观在美育中的价值引领作用,是为适应各类院校开展美育教学需要编写的通用教材,也可供广大美学爱好者学习使用。

**图书在版编目(CIP)数据**

大学美育 / 吴洁,余朝霞,姚文静主编. — 武汉:华中科技大学出版社,2024.1
ISBN 978-7-5772-0426-0

Ⅰ.①大… Ⅱ.①吴… ②余… ③姚… Ⅲ.①美育—高等学校—教材 Ⅳ.①G40-014

中国国家版本馆 CIP 数据核字(2024)第 021225 号

**大学美育**
Daxue Meiyu

吴　洁　余朝霞　姚文静　主编

策划编辑:李承诚
责任编辑:林珍珍
封面设计:原色设计
责任校对:张汇娟
责任监印:周治超

出版发行:华中科技大学出版社(中国·武汉)　　电话:(027)81321913
　　　　　武汉市东湖新技术开发区华工科技园　　邮编:430223
录　　排:孙雅丽
印　　刷:武汉科源印刷设计有限公司
开　　本:787mm×1092mm　1/16
印　　张:13.75
字　　数:228千字
版　　次:2024年1月第1版第1次印刷
定　　价:49.80元

本书若有印装质量问题,请向出版社营销中心调换
全国免费服务热线:400-6679-118　竭诚为您服务
版权所有　侵权必究

# PREFACE

# 前言

在人类社会的发展历程中，美育始终占据重要地位，并在很大程度上影响着人类的精神生活和社会文化。特别是在现代高等教育中，美育的价值和重要性更加凸显。本教材旨在通过对真善美如何美化生活、美化社会、美化自身的阐述，引导大学生认识美，主动感受美、欣赏美、体验美，进一步丰富大学生的审美知识，提高他们的审美素养，引导他们树立正确的审美观念，培养健康的审美情趣，以促进自身全面发展。

美育又称审美教育或美感教育，是一种通过审美活动来教育人的特殊的教育方式。它不仅包括对艺术、自然、社会等审美对象的认知和欣赏，还包括美的创造、传播和传承。美育不仅仅是艺术教育，更是一种综合素质教育，其核心在于通过审美活动提高人的精神境界，促进人的全面发展。

美育在高等教育中的价值主要体现在以下几个方面。

首先，美育有利于提高大学生的道德修养。审美活动能够使人更加敏锐地感知生活中的真善美，丰富人的情感世界，培养人的道德情操，从而有助于大学生形成健全的人格，提升道德修养。

其次，美育有利于促进大学生的智力开发。审美活动不仅能够激发大学生的想象力和创造力，还能够引导他们了解和欣赏艺术、自然、社会等审美对象，拓宽视野，增长知识储备，提高智力水平。

再次，美育有利于维护大学生的身心健康。审美活动能够使大学生心情愉悦、精神饱满，减轻学习和生活中的压力，有利于维护其身心健康。同时，大学生通过参加各种艺术活动，能够培养自己的兴趣爱好，增强自信心和自尊心。

又次，美育可以提高大学生的情感表达能力。艺术是一种情感的表达方式。大学生通过参与艺术活动，可以更好地理解和表达自己的情感。艺术可以帮助大学生发泄情感、舒缓压力，提高心理健康水平。艺术也能够帮助学生更好地理解他人的情感和需求，提高他们的人际交往能力。

最后，美育有利于实现大学生的全面发展。审美活动能够使大学生在各方面得到发展，不仅获得专业知识，还能够提升综合素养，从而更好地适应社会的发展。

本教材内容丰富，具体分为美的认识、美的欣赏、美的体验三大篇，具体包括美的源流和历程、美的教育和功能、文学之美、绘画之美、书法之美、陶瓷之美、声乐之美、戏曲之美等十二个篇章，试图全面阐述美育的基本内容。此外，本教材立足江西省文化特色，把江西"非遗"、红色文化、陶瓷文化等融入其中，体现地方文化浸润育人的作用。同时，豫章师范学院也是具有百年历史的学校，为实现校园文化育人目标，我们把杰出校友傅抱石、喻宜萱、赵定群等写入教材，将文化育人与环境育人、课程育人、活动育人全方位结合，强化高校美育育人的功能，深入推进"三全育人"，全面落实"五育并举"。

在编写《大学美育》的过程中，我们始终秉持以学生为中心的理念，力求为提升大学生的审美素养和创造力提供有力的支持。经过长时间的精心策划和编纂，现在教材终于付梓，我们深感欣慰。

《大学美育》是由八位来自各专业领域的一线教师联合编写的，旨在帮助大学生在繁忙的专业学习之余，领略古今中外优秀的艺术成果，提高审美鉴赏能力，拓展创新思维。本教材适用于各类高校的美育课程，可作为公共必修课教材。

本教材的亮点在于丰富的内容和独特的创新点。在文字表述方面，我们力求用浅显易懂的语言阐述艺术的基本原理和鉴赏方法，帮助学生逐步提高审美素养。同时，我们在介绍理论知识时配以大量的图片，使抽象的艺术理论变得生动形象，方便学生更好地理解和应用。为方便学校教师教授和学生学习，促进知识传播，本教材引用了一些知名网站、公司企业和豫章师范学院内部的图片。这些图片涉及的版权、著作权等权益均属于原作品版权人、著作权人。衷心感谢所有原始作品相关版权权益人及所属公司对教育事业的大力支持。

  此外，本教材还特别强调实践性和创新性。我们在每个章节都设置了相应的思考与练习，鼓励学生亲身参与艺术欣赏和创作活动，培养他们的创新意识和实践能力。通过这种方式，学生不仅能够更加深入地理解艺术，还能够提升自己的创造力水平。

  我们也认识到本教材仍存在一些不足之处。例如，在某些艺术领域，本教材覆盖面较窄，部分学生对某些内容可能会感到难以理解。针对这些问题，我们建议在今后的修订过程中，进一步拓宽教材的内容覆盖面，优化知识结构，以便更好地满足不同学生的需求。

  总之，《大学美育》的编写是一次有益的尝试，也是一次具有挑战性的历程。我们希望这本教材能够为提升大学生的审美素养和创造力发挥积极的作用，为培养全面发展的人才贡献一份力量。我们衷心希望本教材能够对广大学生有所帮助，并成为他们喜爱的良师益友。

江西科技师范大学终身教授<br>
二级教授　博士生导师<br>
享受国务院特殊津贴专家<br>
教育部首届全国高校美育教学指导委员会委员<br>
2024 年 4 月

## CONTENTS
# 目 录 ……

- 第一篇　美的认识　　　　　　　　　　　　　001
  - 第一章　美的源流和历程　　　　　　　　003
  - 第二章　美的教育和功能　　　　　　　　015

- 第二篇　美的欣赏　　　　　　　　　　　　　029
  - 第三章　文学之美：华章溢彩　　　　　　031
  - 第四章　绘画之美：妙笔丹青　　　　　　044
  - 第五章　书法之美：行云流水　　　　　　059
  - 第六章　陶瓷之美：巧夺天工　　　　　　074
  - 第七章　声乐之美：天籁之音　　　　　　094
  - 第八章　戏曲之美：曲尽其妙　　　　　　111
  - 第九章　非遗之美：璀璨夺目　　　　　　132

- 第三篇　美的体验　　　　　　　　　　　　　145
  - 第十章　校园之旅：旖旎风光　　　　　　147
  - 第十一章　乡村之旅：民居建筑　　　　　170
  - 第十二章　神奇之旅：智能科技　　　　　190

参考文献　　　　　　　　　　　　　　　　　　**207**
后记　　　　　　　　　　　　　　　　　　　　**209**

# 第一篇

## 美的认识

# Chapter 1
# 第一章
# 美的源流和历程

## 一、美的源流

人类感知和创造美的意识是与劳动生活同时出现的。早在旧石器时代，我国丁村人就开启了对石器工具造型的设计思考，制作了大量锥状、球状、橄榄状的工具；山顶洞人则追求器物形态的周正，并将钻、刻、染等技术运用于石头或骨器装饰品的制作（见图1-1）。这一时期，西方国家也出现了感知和创造美的意识。比如，西班牙的阿尔塔米拉洞窟岩画（见图1-2）因立体感强，线条、色彩变化丰富，被誉为"史前西斯廷"；再如，享有"史前卢浮宫"盛誉的法国拉斯科洞窟岩画已经出现了象征符号的图样。无论是中国还是西方国家，早期人类对光洁的形态、鲜亮的颜色、规律的排列的偏爱，都凸显出他们对自然的认识与反映，展现了他们对质朴美的追求。

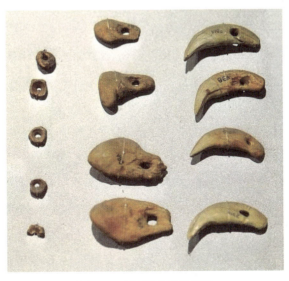

图1-1 山顶洞人的装饰品

图1-2 阿尔塔米拉洞窟岩画

人类为何对"美"孜孜以求?"美"的根源究竟在哪里?我们不妨走进中西方古代审美观中探寻一番。

### (一)"美"的形式之源

远古传说中"女娲""伏羲"是中华文化的代表,他们都是"人首蛇身"的氏族图腾形象(见图1-3),如《山海经》中就有"烛龙""烛阴"的怪异形象描述:"西北海之外,赤水之北,有章尾山。有神,人面蛇身而赤,……是烛龙。钟山之神,名曰烛阴,视为昼,瞑为夜,吹为冬,呼为夏,不饮,不食,不息,息为风。身长千里。……人面,蛇身,赤色,居钟山下。"与龙蛇同时或稍后,凤鸟成为古老东方的另一个图腾符号。如《说文解字》中有载:"凤,神鸟也。天老曰:凤之象也,鸿前麟后,蛇颈鱼尾,鹳颡鸳思,龙文龟背,燕颔鸡喙。五色备举,出于东方君子之国……";《诗经·玄鸟》也有"天命玄鸟,降而生商"的诗句。

图1-3 东汉伏羲女娲画像石

正如龙是对蛇的夸张、增补和神化一样,凤也是鸟的神化形态。它不是现实中实际存在的,而是幻想的对象、观念的产物、巫术礼仪的图腾,是我们原始祖先最早的"人心营构之象"。龙凤所构之象就是艺术图像形式美的前身,是审美意识和艺术创作的萌芽,是古老祭祀活动的延续、发展和进一步符号图像化,是观念意识物态化活动的符号和标记,其在自然形式里积淀了社会的价值和内容,在感性自然中积淀了人的理性性质,并且在客观形象和主观感受两个方面,都是如此。这样的图像形式得以延续,在战国时期的《人物龙凤帛画》中,我们仍能看到在龙凤的图像下祈祷的人。

从半坡时期到庙底沟时期,再到马家窑时期的蛙纹和鸟纹,如果将新石器时代的彩陶图案联系起来看,我们可以发现这些具有象征意义的形式符号存在因袭相承、依次演化的脉络,这是与其民族信仰和传统观念紧密相连的。如仰韶文化的半坡类型与庙底沟类型分别属于以鱼(见图1-4)和鸟(见图1-5)为图腾的不同部落氏族文化,马家窑文化归属于分别以鸟和蛙为图腾的两个原始氏族部落。

图1-4　鱼纹陶罐

图1-5　鸟纹陶碗

随着时代的更迭，虽然彩陶依旧以鱼、蛙、鸟等纹饰为创作母题，但其图案形式从最开始的写实、生动、多样，逐步走向几何、协调、规范（见图1-6）。这样的演变不是偶然现象，而是动物形象符号化演变为抽象几何化的积淀过程。这一过程包含了古代人类的审美观念及创作想象。

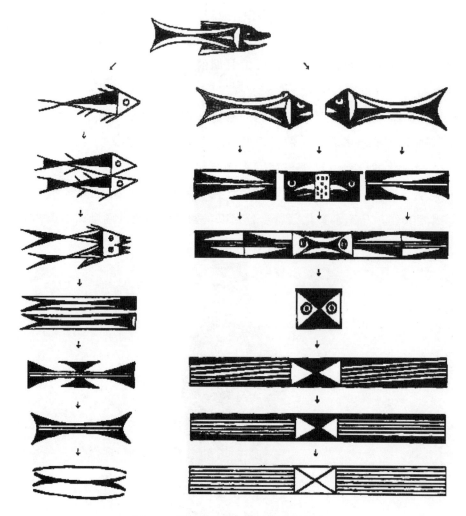

图1-6 仰韶文化彩陶鱼纹演变示意图

美之所以是"有意味的形式"，正在于它是积淀了社会内容的自然形式。离开形式固然没有美，但只有形式也不能称为美。美的形式一旦摆脱模拟、写实，便获得了独立的性格和进步的可能。美的形式自身的规律和要求起着重要的作用，影响着人们的感受和观念；而人们的感受和观念又反过来促进了美的形式的发展，使美的形式的规律更自由地展现、更充分地发挥。

## (二)"美"的思想之源

先秦是中国古代社会急剧变革时期。这一时期,意识形态领域极为活跃,美学逐步摆脱原始巫术宗教的观念传统。这尤以老子(见图1-7)为代表的道家学说和以孔子(见图1-8)为代表的儒家学说为典范。道家的美学思想强调人与外界对象的超功利的无为关系,亦即审美关系,是内在的、精神的、实质的美,是艺术创造的非认知性的规律,其更多地体现在创作规律方面,亦即审美方面。儒家的美学思想是功能、情感的正常需求和抒发,是艺术为社会服务的表现,影响着后世在文艺创作方面的主题方向。

图1-7 老子像

图1-8 先师孔子行教图

道家的美学思想以哲学性为主要特征,其中《道德经》从以下几个方面对美的哲学性进行了阐述。其一,老子以水的形象为例,表达了其"善的就是美的""善是最高尚的美德"的美学思想。他对于"美"给予了辩证的表述,把"美"与"善"做并列,认为善的就是美的、美的首先是善的:"天下皆知美之为美,斯恶已,皆知善之为善,斯不善已","上善若水,水善利万物而不争……居善地,心善渊,与善仁,言善信,正善治,事善能,动善时"。老子以水的形象为例,表达其"善的就是美的""善是最高尚的美德"的美学思想。其二,老子对自然、本真及诚实予以肯定和赞美,认为学习自然并保持诚实就可以近道或得道。"同于道者,道亦得之;同于德者,德亦得之;同于失者,失亦得之","道法自然""是以大丈夫处其厚,不处其薄,居其实,不居其华""质真若渝","信者,吾信之;不信者,吾亦信之;德信矣","修之于身,其德乃真"……这些说法流露出老子对自然、本真及诚实的肯定和赞美,并认为学习自然并保持诚实就可以近道或得道。其三,老子强调回归朴素、本真之境,主张摒弃外在的过分雕饰、个人的私欲与纷争、违背自然的盛德繁礼,指出朴拙之美,在于其自然。从"为天下谷,常德乃足,复归于朴","道常无名。朴虽小,天下不敢臣。侯王若能守,万物将自宾""道之出口,淡乎其无味""为学日益,为道日损","我有三宝,保而恒之。一曰慈,二曰俭,三曰不敢为天下先……夫慈,故能勇……俭,故能广……不敢为天下先,故能成器长","使民复结绳而用之。甘其食,美其服,安其居,乐其俗"之中,我们可以看到,"朴"的思想在《道德经》里出现多次,可以将其理解为"朴真、朴素、朴实、朴拙"。老子主张摒弃外在的过分雕饰、个人的私欲与纷争、违背自然的盛德繁礼,回归朴素、本真之境。老子追求的"朴"实际上就是一种顺应万变的自然状态之美。其四,崇尚"谦虚"之美是我国的传统,历史上许多著名人物都十分重视和强调谦虚,都表现出谦虚之美。保持谦虚是美,肯定谦虚的行为和品德同样是美。诸如"生而不有,为而不恃,功成不居","挫其锐,解其纷,和其光,同其尘","功遂身退,天之道","不自见,故明;不自是,故彰;不自伐,故有功;不自矜,故长。夫唯不争,故天下莫能与之争"……这些论述都意在表明保持谦虚是美,肯定谦虚的行为和品德同样是美。

儒家美学思想以"礼乐""仁德"为核心。在《论语·尧曰》中,孔子回答子张"何谓五美"时说:"君子惠而不费,劳而不怨,欲而不贪,泰而不骄,威而不猛。"他列举的"不费""不怨""不贪""不骄""不猛"这五种关于"美"的评价标准,正是从道德的角度出发的,也就是将美与仁统一起来,认为美就是仁。孔子对美的定义,始终贯穿"仁"的思想,强调社会功利和伦理道德的价值,带有实用理性主义色彩,以尽善尽美、文质统一为美的总体特征。在先秦儒家美学思想中,与"礼"被解释为"仁"一样,"乐"也被重新做了一系列实践理性的规定和解释,比如《孟子·离娄上》中的"乐之实,乐斯二者……乐则生矣,生则恶可已也？恶可已也，则不知足之蹈之，手之舞之"；再如《孟子·告子上》中的"口之于味也，有同耆焉；耳之于声也，有同听焉；目之于色也，有同美焉"。孟子阐述的艺术已不是外在的形式，而是强调它必须使得感官愉快并具有普遍性，与伦理性的社会情感相联系。到了荀子时期，"礼乐"达到了理性主义的巅峰。《荀子·乐论》中有言："夫乐者，乐也，人情之所必不免也。故人不能无乐。……使其声足以乐而不流，使其文足以辨而不諰，使其曲直、繁省、廉肉、节奏，足以感动人之善心，使夫邪污之气无由得接焉。"《礼记·乐记》中有言："凡音者，生人心者也。情动于中，故形于声。声成文，谓之音。是故治世之音安以乐，其政和。乱世之音怨以怒，其政乖。亡国之音哀以思，其民困。声音之道，与政通矣。"这里的"乐"，包含的内容很广，除音乐、诗歌、舞蹈这类代表之外，还包含绘画、雕镂、建筑等造型美术。所谓"乐"者，即乐也，也就是说，凡是使人快乐、使人的感官可以得到享受的东西，都可以广泛地称为"乐"。可见，《礼记·乐记》所总结提出的不仅是音乐理论，更是以音乐为代表的整个艺术领域的美学思想，它把音乐以及各种艺术与官能和情感紧密联系起来，认为"乐近于仁，义近于理""乐统同，礼辨异"，清楚指明了艺术审美是不同于理智制度等外在规范的内在情感特性。求仁修德的审美追求体现了中华美学的基本特质，并成为中华美学精神的主体，奠定了中华传统美学思想的基础。因此，《礼记·乐记》也被认为是中国古代最早的专门的美学文献。

## 二、"美"的历程

### （一）中国"美"的历程

#### 1. "美"的字形演变

"美"作为文字最早出现在商代甲骨文中（见图1-9）。这里的"美"原为头戴羽毛头饰的站立的人形，在后来的字形演变中，逐渐简化为上"羊"下"大"二字的叠加（见图1-10）。

图 1-9 甲骨文"美"

图 1-10 "美"字的演变

一种研究认为甲骨文中以"羊人为美"的字形,生动地反映了中国古代游牧氏族以羊为主要生活资源,并由此产生了审美的创作情感。游牧氏族部落的首领或巫师也被称作"羊人",在审美情感的驱动下,他们头戴羊角、身披羊皮,领着族人载歌载舞、祭拜祖先神明,祈求和和美美、吉祥如意。故而"羊人为美"的"美"字,一般与"吉、祥、利"等字通用,而"美"字也当然有"吉、祥、利"等义。如"尧舜为帝而雍,非仁天下也,不以美害生也"中的"美"即可作"利"字解。

另一种研究认为"羊人为美",可以会意为猎人头顶羊角(原物或仿制品),"手之舞之,足之蹈之";或者以此混淆羊的"视听"、防止它逃跑;或者回忆、重现、再度体验猎羊成功的情景……不管是哪一种观念或哪几种观念起作用,人头顶羊角都会带来愉快、满足之感。传到这一形象本身,单独引起愉快、惬意形象的性质也就发生了变化,真正升华为"羊人为美"了。这样把"美"字的字源学意义解释为"羊人为美",就比较合理,也比较符合"美"字的初文形象。

2. "美"字的表意演变

最早对"美"字进行解释的是东汉的许慎,他在《说文解字》中对美的阐述是:"甘也。从羊从大。羊在六畜主给膳也。美与善同意。"这尝试从美的本质、字形结构、引申意义三个方面对"美"进行注释。

其一,美的本质是"味美(甘)",对于"甘",清代段玉裁进一步解释道:"甘者,五味之一,而五味之美皆从甘,羊大则肥美,引而申之,凡好皆谓之美。"(《说文解字注》,四篇上)"甘"为五味之一,而五味之美皆曰甘,因此被引申为美的事物虽然千差万别,但只要能引起观赏者愉悦的情感,就都能称为"美"。其二,美的字形结构被阐述为"从羊从大"。根据《说文解字》中"大"就是"象人形",可以推断"美"为"羊人"抑或"羊人"头上戴的毛羽、羊角之类的装饰品,有特指人物外在形态美的意思。其三,在古代整合型思维中,美与"善"有异曲同工之妙,"善"可以看作美的内在形式,主要指中国传统文化核心的"美德"。中国传统美德是建立在儒家思想基础之上的道德品格,它包括"礼、义、廉、耻"四维、"孝、悌、忠、信、礼、义、廉、耻"八德和"仁、义、礼、智、信"五常。

"美"的含义的演变,不仅是"美"这个字的演变,更是所有带有"羊"的起源,同时具有"美"的观念形态意义的字群的演变。如:"善"不仅与"羊"有关,而且带有普遍意义的"好";"祥"不仅与羊有关,而且带有普遍意义的"吉";"義"不仅与羊有关,而且带有普遍意义的"正义";羹不仅指羊肉羹,更成为各种羹汤的总称。正是在这样的历史演进中,"美"不再只是身着华夏衣冠的人之美,而是多元融合后的结果。

(二) 西方"美"的历程

如果说中国的美学特点,是把与美有关的所有领域关联起来,形成多元化的美,那西方对美的态度则截然不同,他们认为美的内涵特指视听的美感和艺术的美感,并将其与其他领域严格区分开来。

1. 美学思想的开启

毕达哥拉斯是古希腊早期的美学家。与中国早期美学家截然不同,毕达哥拉斯在美学探索之初,就致力于从数量关系中去寻找美的本体,把美视为数量比例的和谐，提出"美"是"和谐"的观点，开创了"形式美"的先河。苏格拉底对美的研究则跳出了毕达哥拉斯的"数量"范畴，将美学研究方向从自然科学转为社会科学。色诺芬在《回忆苏格拉底》中记载了苏格拉底和亚里斯提普斯的对话："凡是我们用的东西如果被认为是美的和善的，那就都是从它们的功用去看的"，"每一件东西对于它的目的服务得很好，就是善的和美的，服务得不好，则是恶的和丑的"。苏格拉底的学生柏拉图建立了西方第一个美学体系，他的美学思想涵盖审美主体、审美客体、审美过程等美学内容。柏拉图系统提出并回答了美学中"文艺与现实世界的关系""文艺的社会功用"两个重要的问题。以理念论为本体，柏拉图还形成了"美真善合一"的美学观点，用神秘的"灵感说"解释文艺才能的来源。他提出的"教化"的美学效用思想，直接影响了后来的浪漫主义美学的发展。古希腊美学时期的最后一位代表是亚里士多德，他从文艺实践的角度提出了一整套美学理论，他认为美来自对现实事物和生活的"摹仿"和"再现"。在艺术的内容与形式问题上，亚里士多德提出了"有机整体"的概念；在艺术的社会功用上，亚里士多德提出了著名的"净化说"，认为艺术可以使人发泄过多的情感，获得一种轻松舒畅的快感。古希腊美学虽然没有形成独立的学科体系，但已经涉及美的本质、艺术的本质和审美教育等美学思想中的一些基本问题。这些思想引导并影响了整个西方美学的发展。

2. 美学思想的成熟

美学作为研究"美"和"审美"的独立学科，诞生不过数百年。1735年，鲍姆嘉通在他发表的博士论文《关于诗的哲学沉思录》中首次提出建立美学学科的建议。1750年，《美学》（见图1-11）的出版标志着这门新学科的诞生，它确定了美学的研究对象和研究范围，并从"什么样的感性认识才是美的""人的感性认识怎么安排才美""人的感性认识怎么表现才美"三个角度探讨了人的感性认识。鲍姆嘉通的美学思想是在欧洲文艺思潮由新古典主义向浪漫主义转变的过程中顺应时代的潮流而产生的，它在新古典主义所标榜的理性之外强调想象和情感在文艺创作中的作用，他本人也被后世称为"美学之父"。此后，西方美学的发展变得更为科学。

**图1-11　鲍姆嘉通及其《美学》**

德国古典主义美学的奠基人康德提出了"美是主观判断力"的观点。他认为，从质的方面来看，美的特点设计无利害感，也就是说，美是超功利的，与利害无关；从量的方面来看，审美对象是单个的具体形象。因此，欣赏判断应是单个的判断，至于审美判断的普遍性则是主观感觉上的"普遍赞同"。席勒的美育思想集中体现在他的《美育书简》中。席勒认为美的需求来自人类游戏的天性。他的美育思想的一个显著特点是，强调理想在审美创造过程中的作用。席勒认为改革社会、实现自由的必由之路是审美教育，只有通过美，人们才可以走到自由之前。黑格尔是西方哲学的总结者、辩证法的集大成者、理性主义的极致代表。相比以往的美学家，黑格尔突出的进步就在于能够运用历史的、辩证的观点研究问题，时时、处处坚持逻辑与历史相统一的原则。在马克思主义美学思想产生之前，黑格尔美学是西方美学史的一个巅峰。马克思主义哲学的产生，为现代美学研究提供了真正科学的世界观和方法论，改变了美学研究的传统面貌。马克思主义美学包含以下几点：美的本质和起源的理论——劳动创造了美，美与人的本质力量具有密切的联系；美的规律的理论；异化劳动与审美活动相互联系的理论；艺术本质的理论——强调艺术作为上层建筑对于经济基础的依赖。

如今西方国家对美学的研究日趋成熟，从传统的对哲学思想的一元化研究，走向多学科相融合的多元化研究，这使我们能够更深入地理解美的本质，并深信美学将以自己特有的模式走向更科学的未来。

【思考与练习】

1. 弗洛伊德认为"美是潜意识的本能和性欲的表现"。请结合实际,谈谈美是客观存在的还是人的主观意识。

2. 试分析儒家传统思想中的"仁德"与我们今天的"美学"有何差异。

3. 试总结西方美学思想产生的过程,并比较中西方美学观点的差异。

# Chapter 2
# 第二章

# 美的教育和功能

## 一、美的教育

### （一）美育概念的提出

感知美、欣赏美、提炼美、创造美，是人们在千百万年的发展中达到精神进步的目的、满足自身精神需求的重要方式。审美实践是一种积极的、使人愉悦的心理活动，是通过形象性、情感性、体验性来感染、陶冶、培养并塑造睿智思想者的教育形式，是不断积累审美经验并薪火相传的过程。对美的追求是人类社会文明进步的标志，也是一个民族实现伟大梦想的情感动力。为提升人类精神文明水平、满足人类精神需求，中外思想家在审美实践中不断总结，形成了较为完备的美育思想。"美育"这一概念是由德国美学家席勒在1795年出版的《美育书简》中提出和建立的，书中指出，有促进健康的教育，有促进认识的教育，有促进道德的教育，还有促进鉴赏力和美的教育。《美育书简》系统地论述了美育思想的诸多问题，并把美育提到关乎人类发展的高度，从而开启了美育学科的历史进程。

中国近代美育思想是在《美育书简》的影响下形成和发展的。经历数百年的发展，如今，美育已经成为我国素质教育中不可或缺的一部分，成为推动实现教育强国、人才强国的有力措施。从具体过程来看，美育是一种以情动人的美的教育。它利用审美形象的情感力量去感染个体以达到教育的目的。从实施效用来看，美育是一种作用于人的知情意的能力教育。美育对人的塑造作用不仅体现在情感方面，而且体现在知情意等方面，能引导人的知情意等方面的能力获得全面提升。它辩证地融会认知、情感和意志三个方面，争取实现以美启真、以美入善、以美化情。我国美育的主要目的在于提升学生感知美的能力，帮助学生坚定文化自信、增强文化自觉,引领学生树立正确的审美观念、陶冶高尚的道德情操、塑造美好的心灵,维持青年一代身心健康,以实现对人的全面塑造。

## (二) 中国美育学科的形成

中国古代文人在丰富的审美实践中,总结出了许多有价值的美育思想。它们对我们今天如何进行科学的美育具有重要的启发意义。早在西周时期,先贤就意识到了美育对于培养人才的重要性,"六艺"中的"乐"作为艺术教育方向被纳入教育的核心范畴。春秋时期私学教育兴起,形成了以诗歌为重要美育途径的"诗教"传统。以孔子为代表的儒家学派认为,尽善尽美的"君子"是外在的优雅形象与内在的仁爱之心的完美结合,是美育的最终理想,即所谓"文质彬彬,然后君子"。其中"质"的核心是"仁",而"文"指的则是"诗、乐、文"等,它们在人性和人格完善方面发挥着重要的作用。孔子认为,诗歌可以激发情感、观察世风民情、沟通群体关系、宣泄怨恨情绪:"移风易俗,莫善于乐;安上治民,莫善于礼。"孔子还说,"兴于诗,立于礼,成于乐"。可见,其十分重视诗歌的教化功能,甚至认为"不学诗,无以言"。到了公元前134年,汉武帝"罢黜百家,独尊儒术"以后,儒家美学思想便成为当时社会的精神追求,其中"诗""乐"尤其受到教育家的推崇。创立于东汉光和元年(178年)的"鸿都门学",是世界上较早研究文学艺术的专门学府,其开设辞赋、小说、尺牍、字画等课程,打破了专习儒家经典的惯例。到了宋徽宗时期,书画成为美育实践的最重要方向,为了培养优秀画家,推出绘画作品及理论著作,宋徽宗于1104年在开封首创了世界上最早的美术学院、国家最高美术教育机构"画学"。

20世纪初期,蔡元培(见图2-1)在《哲学总论》中引入来自西方的"美育"概念,对"美育"的含义做出"情感教育"的界定,并大力倡导美育、践行美育,奠定了美育在学校教育中不可或缺的地位。1917年,蔡元培发表著名的《以美育代宗教说》(见图2-2),提出以"美育"替代宗教中的"感情培育部分",从而培养人的高尚品格。实行近代学制以后,音乐、图画、劳作等课程纷纷开设起来。王国维是最早提出"体育、智育、德育、美育"四育并举育人方针的学者,他发表的《论教育之宗旨》指出,"教育的宗旨"是培养"完全之人物"。四育并举的做法一直被沿用至新中国成立之初。李石岑在1925年出版的《美育之原理》中提出:美育是"美的情操的陶冶",不同于"智育"是"智的情操的陶冶",也不同于"德育"是"意的情操的陶冶"。

图 2-1 蔡元培

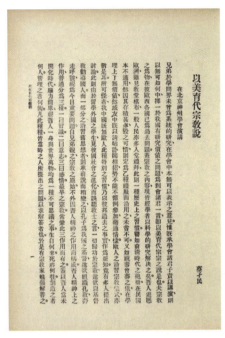

图 2-2 《以美育代宗教说》

### (三) 西方多元美育理念的呈现

公元前9世纪,古希腊的斯巴达为了把奴隶主阶级的子弟培养成为坚强的战士,教他们唱各种赞美歌和战歌,并把音乐、宗教舞蹈跟军事、体育结合起来。雅典的奴隶主阶级为7~14岁的儿童设立弦琴学校,教他们音乐和朗诵。中世纪的欧洲,教会学校学习的"七艺"中的音乐,主要是用来在教会做礼拜和赞美上帝的。在封建社会时期和资本主义社会时期,美育的目标更加明确,即为巩固封建统治和资产阶级统治服务,这些时期设立了音乐、美术、手工等课程。

古罗马的贺拉斯提出的"寓教于乐说"揭示了艺术的本质特征:艺术中所包含的普遍性的真、善、美必须通过明晰的个性化,转化为个体感性可以直接接受的形式,艺术作品必须是形式与内容美的融合统一。柏拉图认为美德是一种和谐,提出了"心灵的美化说",主张用爱的道德连接人们,让人们过善良、恬静的生活,以培养"理想国"保卫者的勇敢、坚毅和顽强品质,使心灵美化和净化成为可能。亚里士多德在《诗学》的第六章提到了"净化说",他指出悲剧具有净化心灵的情感功能,认为美就是自身就具有价值,并能同时让人愉快的东西。同时,他还提出了"摹仿说",认为"摹仿"是人类固有的天性和本能,是人类审美活动中不可或缺的一部分，它可以帮助我们更好地理解和创造美。

文艺复兴时期极为重视美的教育，重视人文主义，重视艺术与技术（如透视学、解剖学）的结合，涌现出大量的诗人及画家。这一时期，美育的目的不仅是传承技艺，更是对人文素养和思辨能力的培养。19世纪，席勒明确将教育分为体、智、德、美四类——促进健康的教育、促进认识的教育、促进道德的教育、促进鉴赏力和美的教育。这最后一种教育的目的在于，培养人们的感性和精神力量，使之尽可能成为和谐的整体。他认为艺术家应在游戏中通过"美"来净化民众，使他们在闲暇时得到娱乐，并且在娱乐中不知不觉地摒除任性、轻浮和粗野思想，再慢慢地在他们的行动乃至意向中逐步纠正这些毛病，最后达到使其性格高尚化的目的。席勒的美育思想被认为是美育理论的基石，也是大学美育课程设置的重要理论基础。马克思也提出了自己的美育思想，他认为审美教育是人的全面发展的一部分，可以培养人的感性认识和理性思考能力，也可以帮助人们认识和改造社会现实。审美教育作为教育的一部分，对于实现人的全面发展具有重要意义。

### （四）中国当代美育方针的确定

在我国学校教育史上，"美育"沿袭了新文化运动的成果，特别是在改革开放之后，人们的温饱问题得以解决，升起了对美好生活的向往，"美育"在中小学教育和大学教育中受到高度重视。

1999年6月，中共中央、国务院颁布的《关于深化教育改革全面推进素质教育的决定》明确提出："要尽快改变学校美育工作薄弱的状况，将美育融入学校教育全过程。"在"美育"中，"艺术教育"是主流。2015年9月，国务院办公厅印发的《关于全面加强和改进学校美育工作的意见》指出，"美育是审美教育，也是情操教育和心灵教育，不仅能提升人的审美素养，还能潜移默化地影响人的情感、趣味、气质、胸襟，激励人的精神，温润人的心灵"。2015年12月，第十二届全国人民代表大会常务委员会第十八次会议通过第二次修正的《中华人民共和国教育法》。其中第五条完整规定了国家的教育方针：教育必须为社会主义现代化建设服务、为人民服务，必须与生产劳动和社会实践相结合，培养德智体美劳全面发展的社会主义建设者和接班人。"德智体美劳全面发展"这一教育方针被正式确立下来。2018年8月，在中央美术学院百年校庆之际，习近平总书记给学院8位老教授回信，提出了"做好美育工作，要坚持立德树人，扎根时代生活，遵循美育特点，弘扬中华美育精神"的时代课题。2020年10月，中共中央办公厅、国务院办公厅联合印发《关于全面加强和改进新时代学校美育工作的意见》，其中指出："美是纯洁道德、丰富精神的重要源泉。美育是审美教育、情操教育、心灵教育，也是丰富想象力和培养创新意识的教育，能提升审美素养、陶冶情操、温润心灵、激发创新创造活力。"如今，我国大力倡导美育，通过美育丰富学生知识，发展学生智力，促进学生全面发展，增进学生身心健康。

无论是我国还是世界上其他国家，自古以来都将美育作为培养人才、健全人格的重要手段。美育的发展历史也表明，凡是历史上的倒退和停滞时期都不重视或反对美育，如欧洲中世纪的"蒙昧时代"；而历史上的进步或思想解放时期都提倡美育，如欧洲启蒙运动和我国五四运动时期。总之，美育的形成和发展从根本上来说还是取决于时代的需要。以人类所有文明成果为教育内容的美育是人类自我完善的重要形式，也是一个民族文明程度的重要标志。

## 二、美育的功能

### （一）美育的特点

美育从不无趣，而是以鲜活的形象令人感觉生动、活泼、有趣，并让人在这种形象体验过程中受到陶冶和教育；美育从不教条式"以理服人"，而是"以情感人"，其依靠的是人与鲜活的形象之间的情感交往。美育从不受时间和空间的限制，而是灵活地进行，并随着受教育者的个体差异表现出多样的面貌。

美育用美的形象去感染人，激发人的情感。强烈的情感活动可以形成巨大的动力，而美的教育就是从观赏美的形象开始，让受教育者通过美的形象来领悟美的内涵。无论是艺术美、自然美、科学美还是社会美，它们首要的特征就是形象性。孔子说："诗可以兴，可以观，可以群，可以怨。迩之事父，远之事君，多识于鸟兽草木之名。"这表明艺术形象具有美的感染力。艺术形象不像科学知识教育那样注重抽象、概括，也不像伦理道德教育那样注重理性的说教。如李商隐的诗句"春蚕到死丝方尽，蜡炬成灰泪始干"，春蚕、蜡烛本是平凡的事物，而诗人将丰富的情感作用于它们，使它们成为极富艺术感染力的鲜活形象，当我们欣赏诗句、吟诵诗句时，情感的波涛激荡，想象的闸门开启，也会在这些平凡的事物上感受到动人的美——这就是美育的作用。

美育依靠真挚的、高尚的、美的情感，实现以情动人、以情悦人的教育目标。美育的功效不是立竿见影的，而是像"润物细无声"的春雨那样渗透于人的情感领域的各个方面。例如，中国的文人画主要特点就是以情入画，达到净化心灵的目的。苏轼、米芾、李公麟、赵孟頫（作品见图2-3）等文人画家"能文而不求举，善画而不求售"的精神，体现为其作品的平淡素雅、天真清新的风格。文人画以"文之艺"为审美价值，可使观者在潜移默化中启发灵性、滋养元气、陶冶情操、复归本真，最终完善人格。又如，傅抱石与关山月一起创作的巨幅山水画《江山如此多娇》（见图2-4），描绘了云开雪霁、旭日东升时，莽莽神州大地"红装素裹，分外妖娆"的美丽图景。画家在描绘这些景物的时候，不是要表现它们的真实性，而是为了创造一个壮美宏伟的意境，以抒发画家对祖国河山的热爱、赞美之情。如今，这幅巨作已经成为我们中华民族精神的象征，当观赏者全身心融入其中时，可以感受到中华民族的豪迈气魄、新时代中国的伟大精神。

图2-3　赵孟頫《鹊华秋色图》（局部）

图2-4　傅抱石、关山月《江山如此多娇》

## 第二章 美的教育和功能

美的教育采取的是一种自觉自愿的方式。它出于审美者的自觉自愿,靠美的事物的诱惑力来吸引人,无须强加和动员。传统的智育、德育基本上是在课堂上进行的,大多采用教师讲授和学生听讲的形式,教学的主体一般是教师,而美育的形式可以是多种多样的。它不只是在学校的课堂或校园中进行,而是渗透到人类生活的各个领域。人们可以走进大自然,寻找绚丽多姿的色彩,聆听悦耳丰富的声响,嗅闻馥郁淡雅的清香,这些无不让人身心愉悦、心胸畅达、流连忘返;也可以走进美术馆,在参观、学习、体验、互动中感受艺术魅力,激发创新精神,增强文化自信。自主学习、吸收借鉴并为我所用,是美育特有的方式。例如,凡·高临摹过米勒的作品《播种者》(见图2-5和图2-6);同为"文艺复兴三杰"的拉斐尔,经常学习达·芬奇、米开朗基罗的绘画特点。再如,我们通常会进行书法临摹练习,虽然我们可能成不了王羲之、颜真卿、欧阳询那样的书法大家,但在主动临帖的过程中能够体会到笔画的优美、形式的多样、结构的变化,这样的自觉学习不仅能提高书写技巧,更能培养和提升审美能力。

图2-5　凡·高临摹米勒作品《播种者》

图 2-6　米勒原作《播种者》

　　美育可以贯穿一个人的一生，从出生前的胎教，到学前的兴趣班，再到青年阶段对文学、音乐等的追求，直至老年阶段乐此不疲地参加各种文艺团体活动，保持自己的精神追求。美的事物不仅让人赏心悦目，而且让人动心、动神、动志。长期接受美的熏陶和浸染的人，会在潜移默化中形成一种比较完善的审美心理结构，达到一种比较高尚的精神境界。这种心理结构和精神境界一旦形成（达到），就会有较强的稳定性，对人的精神生活产生深刻且久远的影响。例如，新中国声乐事业的开拓者和奠基者之一喻宜萱女士（见图2-7），出生于江西省萍乡市一个书香世家，她自小受到音乐的熏陶。从南昌第一女子师范学校（现在的豫章师范学院）毕业后，喻宜萱长期从事声乐教学，培养了许多声乐人才，如黎信昌、李双江等，还编选、配译了十几种声乐教材，如《独唱歌曲集》（见图2-8）、《德彪西、拉威尔、普朗克艺术歌曲选》等，主编了《声乐表演艺术文选》（见图2-9），撰写了多篇声乐研究论文和自传《我与音乐》。喻宜萱的一生就是贯穿美的感受、学习、传授的美育典范。

图 2-7 喻宜萱

图 2-8 《独唱歌曲集》

图 2-9 《声乐表演艺术文选》

## （二）美育的功能

进入21世纪后，我国在教育改革上开启了德育、智育、体育、劳育与美育并行的素质教育模式，在这"五育"中，美育是最有活力、最具渗透性的。美育能增进学生智力的发展，开阔他们的视野，促进他们心理结构的完善，加深他们对客观世界的认知。美育在个体塑造、社会整合和文化建构等方面对素质教育的达成起着巨大的推动作用。

美育最基本的功能在于个体塑造，即以鲜活的形象从情感方面熏陶个体，使其具有完整人格。首先是情感陶冶。美育以鲜活的形象激发人的情感活动，使人在感动的体验中领略人类普遍情感。例如，东晋书法家王羲之的作品对中国书法艺术的发展产生了巨大的影响，其书法作品在继承汉魏书法传统的同时，展现出灵性简约、自然天真的风格，极富美的感染力。历代崇尚王羲之书风的书法家都把他的作品当作典范，以不同的审美体验汲取自身所需要的内容，形成各种书法风格元素，实现了我国书法的多元化。其次是个体发展。美育以鲜活的形象感染人，促进个体的发展。个体的发展集中表现在个人对于自身丰富个性的占有和享受。例如，爱因斯坦的母亲是位优秀的钢琴家，这使爱因斯坦从小就接受音乐的教育和熏陶，后来拉小提琴成为他一生的挚爱。在繁忙的科研工作之余，拉小提琴成为爱因斯坦主要的休闲方式和科学研究的灵感来源（见图2-10）。爱因斯坦的助手霍夫曼在分析爱因斯坦的成功奥秘时说：爱因斯坦的研究方法，虽然以渊博的物理学为基础，但在本质上，是美学的、直觉的。因为在科学研究中融入艺术的想象力，爱因斯坦便具有了惊人的创造才能。

图2-10　1930年爱因斯坦在拉小提琴

美育还具有社会整合功能，可以促进人与人之间的整体联系，有效地实现人与人之间在审美体验方面的自由交往。从广泛的社会文化交往层面来看，不同族群、不同语言的人，可以通过美育产生情感共鸣、达成共识。美育有助于实现人类社会的协调发展。华人建筑师贝聿铭先生从"卢浮宫两翼中间的轴线是巴黎城市空间轴线体系的重要构成部分"这个空间关系出发，设计了"玻璃金字塔"方案（见图2-11），这是对法国现代城市文明的历史与人文的观照；从融合中国古典建筑艺术、园林艺术、环境艺术的设计理念出发完成的北京香山饭店设计（见图2-12），体现了兼具和谐美、古韵美、生态美、意境美的东方哲学艺术。贝聿铭一直秉承"越是民族的，就越是世界的"创作理念，创造了一个又一个契合本民族特性的建筑，为全世界建筑艺术树立了一个又一个典范。

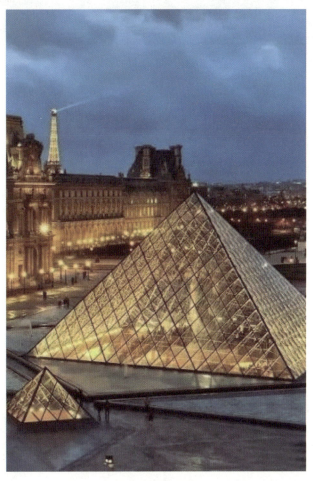

图2-11　巴黎卢浮宫"玻璃金字塔"

图 2-12　北京香山饭店

美育也具有文化建构功能，可以通过鲜活的形象推动本民族文化基本架构的建设。审美形象之中往往蕴含一个民族的文化信念、审美理想等，美育可以通过这种形象化的感染作用，使受教育者体验、领悟本民族文化的内蕴，并在此基础上进行文化的建构。同时，美育所形成的理解的共识和情感的共鸣，更多发生在同一个社会族群、同一种语言方式内部。通过美育对这种包含集体经验的审美体验的激发，可以使人与人之间有效达成民族文化方面的认同。例如，中国的傩面具（见图 2-13）、日本的能面具、加蓬的芳族面具等，都是祭祀文化在审美实践中的代表。这些艺术形式根植于社会，凝聚了各民族的审美情趣，是以形象感染人、激发人的情感活动的文化建构的代表。又如，鸽子首次被赋予和平的象征是在《圣经·创世纪》的记载中——诺亚从方舟上放出一只鸽子，让它去探明洪水是否退尽，鸽子衔回橄榄枝，表示洪水退尽，人间尚存希望。1950 年 11 月，为纪念在华沙召开的世界和平大会，毕加索挥笔画了一只衔着橄榄枝的"和平鸽"形象。如今，无论世界上的哪种文化，都将和平鸽视为和平、友谊、团结和圣洁的象征。我们看到白鸽，就会反省战争带给人类的灾难，激发对和平生活的热爱、对人类生存与发展的思考。

图 2-13　傩面具

【思考与练习】

1. 请举例说明 20 世纪之前中西方在衡量"美"的标准上的异同。

2. 分享一次让你难忘的主动审美经历,并谈谈这次经历让你在学习、生活、思想上有哪些改变。

3. 根据你的审美实践经验,从"美育课程""美育活动""美育项目"等方面谈谈高校实施美育应采取哪些措施。

# 第二篇

## 美的欣赏

# Chapter 3
# 第三章

## 文学之美：华章溢彩

## 一、文学及其真善美价值

文学是语言文字的艺术，是社会文化的一种重要表现形式，是对美的体现。文学借由诗歌、散文、小说、戏剧等不同体裁来表现人的内心情感，再现一定时期和一定地域的社会生活。它在时间的尺度上记录及评价先进的思想，依靠个人的感觉和经验来展现一定时间与空间的结合体，并对其中人的状态、命运进行认知、思考、判断与描述，在其范围内寻求一种极致的美。

文学作为话语蕴藉中的审美意识形态，是真善美的统一。文学之美及价值具体体现在以下几点：一是真实、艺术地反映生活，帮助人们认识生活、感悟生活之美；二是倡导高尚的人生价值观和行为规范，引导人们探寻完美的精神世界；三是从美的角度引导人们培养健康的审美心理与审美习惯。

真实性是文学之美的重要方面。文学中的真指的是作家通过合乎艺术规律的文学作品来反映社会的真实面貌、人最真诚的情感、作家想要表达的最真实的目的。创作者在认识客观规律的基础上发挥主观能动性，通过生动形象的描绘，使读者直观地感受到故事中的人物、场景和事件，表达真情、展露真实、追求真理。真是善和美的基础。文学作品通过对生活的真实描绘，展现人类世界的本来面貌。古今中外文人墨客的作品中包含大量对现实生活的观察和描写，真实地再现了当时社会的人与事。他们通过精练、优美的语言，表达深远的思想和丰富的情感。这些作品往往通过真实的叙述，使读者感受到作者对真实人生的理解和思考，引发读者的共鸣和对生活的思考。

善恶性也是文学之美的重要方面。文学中的善，是指文学所反映的对生命的尊重、对人性健康发展的追求、对人类和平幸福的向往、对人类与自然和谐关系的珍惜等。文学的本质是意识形态与审美属性相结合的语言艺术，其中的审美属性所包含的情感性，在一定程度上决定了文学要追求善。因为只有拥有了对善的追求，文学作品才能引发读者共鸣、促进社会情感交流。文学作品往往通过展现人类的善良情感和行为，传递积极向上的价值观。只有创作者拥有对自然的热爱和对善的坚守，其作品才能触动读者内心深处的情感，使读者产生共情，并被这种情感与思想之美震撼。陆游的《秋夜将晓出篱门迎凉有感》（见图3-1）表达了诗人对祖国大好河山的赞美之情，也表达了他的爱国情怀。他有心杀敌却无力回天，对中原百姓充满同情，对醉生梦死的南宋统治集团满怀失望。诗作通过作者人性之善以及强烈的爱国热情打动读者，并流传千古。

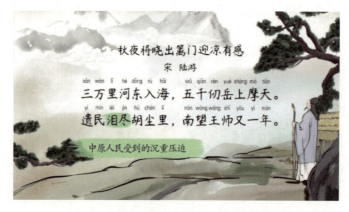

图3-1　陆游《秋夜将晓出篱门迎凉有感》

　　美的表达是文学之美的关键。文学之美指的是运用语言创作的技巧和方式呈现文学中的真和善。这是文学艺术的一种形式美，也是决定一部作品审美价值的关键。文学作品通过精致的语言艺术表达，展现和谐之美。优秀的文学作品擅长运用鲜明的意象、深远的比喻和细腻的描写，表达人与自然的和谐与协调。文学作品不仅能够反映社会现实，还能够探索人类存在的意义和价值。例如，李清照的《如梦令·昨夜雨疏风骤》（见图3-2）中，那句"昨夜雨疏风骤"将雨声与心情巧妙地结合起来，形象地描绘了一种牵动人心的景象。作者以巧妙的表达方式将纷繁的情感内核以独特的形式展现，使读者在欣赏美的同时，深刻体验到文学作品的魅力。

图 3-2　李清照《如梦令·昨夜雨疏风骤》

## 二、文学的审美属性

### （一）文学的形象性

文学是语言的艺术，文学作品中的形象不具有直接的现实性，它只能通过接收者的想象和联想被间接地感知。换言之，读者只有了解某种语言文字的意义，在自己生活经验的基础上，结合艺术的想象和思索，才能再现作品中的艺术形象，理解艺术形象所蕴含的思想意义。

歌德在自传体回忆录《歌德自传：诗与真》的第四篇中，探讨了造型艺术与诗歌的关系，并明确提出了"造型艺术对眼睛提出形象，诗对想象力提出形象"的观点。[1]文学形象的间接性与语言文字的抽象性、符号性密切相关。文学作品是用文字，即语言的替代性符号来描绘形象的。语言符号虽然也有声音或书面的载体，能为人们的知觉所把握，但不能直接再现事物本身的形象，也不能直接作用于读者的视觉或听觉。读者必须懂得符号的意义，具有一定的理解能力（特别是在阅读国外文学作品时），通过对文字进行阅读、对语义进行理解，同时感受语言符号的提示与刺激，产生想象和联想，唤起以往类似经验和体验，才能感受到作品中的形象。以此言之，一个人读懂文学作品至少要具备三个基本条件：一是懂

---

[1] 歌德.歌德自传：诗与真[M].刘思慕，译.北京：人民文学出版社，1983.

得并熟练掌握、理解该作品所用的语言；二是有丰富的想象力；三是有丰富的生活阅历、经验和感受。

文学通常以艺术形象反映社会生活特性，而语言所具有的精神深刻性，为作家创造生动具体的文学形象提供了广阔的空间。萨特认为，文学是一种展现人类存在和自由的重要形式，通过运用文字和语言，作家可以创造出各种文学形象来表达自己的思想和情感。同时，读者也会根据自己的经验和感受来解读和理解这些文学形象，从而使得文学形象具有多样性和不确定性。[①]这也说明了文学形象的重要性。文学之所以美也是因为具有感性的形象，这些形象让道理不再抽象、让哲理不再晦涩。

余华在《活着》（见图3-3）的最后一段写道："我知道黄昏正在转瞬即逝，黑夜从天而降了。我看到广阔的土地袒露着结实的胸膛，那是召唤的姿态，就像女人召唤着她们的儿女，土地召唤着黑夜来临。"[②]这看似一段描述乡村景象的话，饱含对土地的深情以及对过往的追思。这是繁花落尽一片萧瑟中对生命意义的终极关怀。余华以深情款款的笔触引导我们深入思考活着的意义。

图3-3 余华《活着》

---

① 让-保罗·萨特.萨特文学论文集[M].施康强，等译.合肥：安徽文艺出版社，1998.
② 余华.活着[M].北京：作家出版社，2012：190.

张爱玲在《红玫瑰与白玫瑰》（见图3-4）中留下了这样的名言："也许每一个男子全都有过这样的两个女人，至少两个。娶了红玫瑰，久而久之，红的变了墙上的一抹蚊子血，白的还是窗前明月光；娶了白玫瑰，白的便是粘在衣服上的一粒饭粒子，红的却是心口上的一颗朱砂痣。"① 她通过比喻，生动形象地说明了男人心中的两种女人，揭露了部分男性内心的想法，表达了对婚姻以及爱情的深度思考。

图 3-4　张爱玲《红玫瑰与白玫瑰》

东晋陶渊明的《桃花源记》千古留名。此文以武陵渔人行踪为线索，将现实世界和理想境界联系起来，通过对桃花源安宁和乐、自由平等生活的描绘（见图3-5），表现了作者追求美好生活的理想和对当时现实生活的不满。此文艺术构思精巧，采用虚实结合的手法，增添了神秘感。在这些文字中，文学艺术之美通过形象性体现得淋漓尽致。

图 3-5　世外桃源

---

① 张爱玲. 红玫瑰与白玫瑰[M]. 北京：经济日报出版社，2001：1.

文学形象也体现了人类生活和精神的多样性、深刻性和创造性。作家运用各种手法、技巧，使文学形象有生气、有意蕴。王国维在《人间词话七则》中写道："境非独谓景物也。喜怒哀乐，亦人心中之一境界。故能写真景物，真感情者，谓之有境界。否则谓之无境界。"同样，一个丰富而深刻的人物必然是创作者倾注了个人思想和情感的成果。钱钟书的《围城》（见图3-6）通过在生活中寻觅爱情、经营婚姻的故事，将主人公方鸿渐塑造成一个被动的、无能的、意志不坚定的失败的人。故事主人公面对现代社会残酷的生存竞争和严重的精神危机缺乏对抗的理性、热情和力量。这种形象也告诉人们，人生处处是"围城"，方鸿渐作为一个懦弱者面对的问题，在现代社会依然具有普遍意义。

此外，作家在塑造形象时也会使用一些特定的艺术手法。例如《红楼梦》中描写王熙凤出场的经典片段，先运用语言描写起到先声夺人的作用，再用外貌描写展现其"头上戴着金丝八宝攒珠髻，绾着朝阳五凤挂珠钗"的华丽装扮和"粉面含春威不露，丹唇未启笑先闻"的神态（见图3-7），由此，封建社会大家族实质掌权者的泼辣形象跃然纸上。

图3-6　钱钟书《围城》

图3-7　《红楼梦》中的王熙凤

再如，莫泊桑的《羊脂球》（见图3-8）通过侧面描写将"羊脂球"的可怜境地描写得具体而形象，从初上马车的不被待见，到分享食物后众人的假意示好，再到为了放行而被人们用各种办法送去作牺牲品。这期间，无论是德高望重的公爵，还是臭名昭著的奸商，在一次次危难面前都展露出自私自利的卑鄙嘴脸。作家通过对各色人物的描写巧妙地烘托了"羊脂球"的善良与博爱，同时歌颂了在战争中真正自尊自爱、勇敢无畏的人。

## （二）文学的情感性

文学作为对社会生活的反映，必然包含对社会的认知。这就决定了文学带有认知的元素。文学的认知一般是以情感评价的方式表现出来的。

图3-8　莫泊桑的《羊脂球》

艺术都是情感的体现，从原则上讲，一切艺术作品都离不开情感性与思想性。但是，由于语言艺术在揭示人物的内心世界、表现作者的思想和情感等方面独具特色，因此文学作品的情感性与思想性格外突出。

文学的认知与作家的情感态度交融。很多时候情感能打动人，就是因为它是人类生存中的强大力量。任何文学作品都包含作家的主观情感。文学的情感性越强，就越能感染读者，越富有艺术魅力。这一点在《毛诗序》中讲得很透彻："诗者，志之所之也，在心为志，发言为诗。情动于中而形于言……"它指出了内在的情感积存和涌动才有形之于外、感染读者的可能。实际上，除了诗歌，散文、小说、戏剧文学和影视文学同样需要"情动于中而形于言"。托尔斯泰认为："艺术的印象只有当作者自己以他独特的方式体验过某种感情而把它传达出来时才可能产生。"① 狄德罗更是强调，没有情感作为"辅助"，任何笔调都不可能打动人心。无论是抒情诗、抒情散文等抒情类文学，还是小说、报告文学、叙事诗等叙事类文学，都离不开情感性。

北宋词人欧阳修（一说为南唐词人冯延巳）的代表作《蝶恋花·庭院深深深几许》描写了闺中少妇的伤春之情。上片写少妇深闺寂寞，阻隔重重，想见意中人而不得；下片写美人迟暮，盼意中人回归而不得，幽恨怨愤之情自现。全词写景状物，疏俊委曲，虚实相融，用语自然，表意深婉，对少妇的心理刻画尤为传

---

① 列夫·托尔斯泰. 艺术论[M]. 张昕畅, 刘岩, 赵雪予, 译. 北京：中国人民大学出版社, 2005：62.

神。浓郁深沉的情感使其成为千古传诵的抒情名篇。这也是抒情作品情感性的证明。

作为叙事类文学的小说和报告文学，同样蕴藏着作家的情感，只不过在这类作品中作者一般不是直接抒情，而是将主观情感蕴藏于文学形象之中，即通过文学形象的描绘来传达情感。例如，报告文学的重要特征是具有充分的真实性，内容是在真人真事的基础上进行适当加工，但与此同时，优秀的报告文学都会通过生动具体的艺术形象来表达作者的爱憎情感，产生强大的感染力，如高尔基的《列宁》、夏衍的《包身工》等均是如此。因此，可以这样说，任何一部文学作品都必须包含作家的情感。

此外，虽然各门艺术都会表现人的情感，但语言艺术比其他艺术更能表现人们丰富、复杂、细腻的情感。在这方面，文学由于采用语言作为媒介，在表现人物的内心情感世界上，具有得天独厚的优势。例如，《红楼梦》中第27回"黛玉葬花"以细腻的笔触描写了黛玉悲悼自怜的复杂情感。这位多愁善感、天资聪慧的弱女子，在父母双亡后寄人篱下，只能将自己的悲戚郁愤寄托在身世类似的落花上，"侬今葬花人笑痴，他年葬侬知是谁"正是她内心情感的形象展现。当代作家史铁生的《我与地坛》（见图3-9），描绘母亲在地坛中一次又一次寻找、关注残疾儿子的行为举止，感人至深。《战争与和平》（见图3-10）中，女主人公娜塔莎与人私奔后，请求彼埃尔转告她的丈夫安德烈，希望安德烈宽恕自己的行为；彼埃尔听到娜塔莎发自内心的忏悔和自责后，泪水在眼镜后面涌流。这段描写同样深深震撼着读者的心灵。正是由于文学作品能够深入人的精神世界，直接揭示人物最复杂、最丰富、最隐秘的情感，其塑造的人物形象相当真实，令人印象深刻。

与此同时，语言艺术的思想性在深度和广度上也远远超过了其他艺术形式。虽然几乎所有的文艺作品都会在不同程度上表现作家、艺术家的审美意识和对生活的认识，从而具有一定的思想性，但在各类艺术中，语言艺术的形象最具思想性。语言艺术之所以具有这种优势和特点，与它以语言为媒介是分不开的，因为语言能够直接表达人的思想，在披露人的思想认识、评价判断方面具有极强的艺术表现力。当然，文学作品的思想性绝不是空洞、抽象的说教，它应当蕴藏于作品的艺术形象之中，成为具有强烈艺术感染力作品的灵魂。中外古今一切优秀的文学作品之所以能够成为不朽的艺术精品，就在于将高度的思想性和高度的艺术性有机地结合在一起。

图3-9 史铁生《我与地坛》

图3-10 托尔斯泰《战争与和平》

曹雪芹的《红楼梦》、巴金的"激流三部曲"(《家》《春》《秋》)、托尔斯泰的《战争与和平》、巴尔扎克的《人间喜剧》等小说,都出色地展现了不同历史时期广阔而复杂的社会现实生活,都提出或回答了当时人们普遍关心的重大社会问题。作家们总是通过鲜明生动的艺术形象来表达自己的认识、判断和评价,在一定程度上揭示生活的哲理或社会发展的历史规律。除了鸿篇巨制的长篇小说外,其他文学作品包括一些诗歌和散文,同样需要思想性和艺术性的高度统一。比如:唐代文学家王勃的名篇《滕王阁序》在生动描写自然风光(见图3-11)的同时,表达了作者"落霞与孤鹜齐飞,秋水共长天一色"的高洁情怀;意大利诗人但丁的《神曲》,以新奇而丰富的想象描写了诗人在地狱、炼狱、天堂三界的游历见闻,反映了新旧世纪之交的这位伟大诗人的人文主义思想。甚至在一些短小的山水诗或抒情诗里也寄寓着诗人的思想感情与生活哲理。比如,苏东坡的七言绝句《题西林壁》就是一首内涵丰富的哲理诗,诗人从游庐山的独特感受中,悟出"不识庐山真面目,只缘身在此山中"(见图3-12)的道理,也使这首小诗读来令人回味无穷。

图 3-11 滕王阁

图 3-12 庐山云海

## （三）文学的超越性

文学通过艺术形象和审美理想提升人的精神境界，使人获得心灵自由，这是文学的超越性，有时也被称作文学的理想性。具体说来，文学的超越性是人在创作和鉴赏文学作品的过程中，摆脱和超越各种现实关系后获得的一种精神自由状态，主要表现为对人与自然、人与社会现实关系以及自我的超越。

刘再复在《文学常识二十二讲》中写道："文学的最高境界是超越现实功利、现实时空、现实道德、现实视角的审美境界。"[①]优秀的文学作品无不在富有想象力的创造中寄寓或投射着人们的社会理想、人生理想和审美理想，而理想总是面向未来的，是对当下某种现实或人生处境的超越。

在对人与自然现实关系的超越方面，文学的超越性首先表现为通过想象等手法实现对人与自然现实关系的精神超越。文学可以使人超越自然的规律，达到心灵自由的境界。

有些人在文学中能动地刻画自然并表达自身的感受。如李白在公元725年前后初次登庐山，写下《望庐山瀑布》二首。其中的"飞流直下三千尺，疑是银河落九天"诗句千古留名。诗人一生好入名山，游于庐山秀丽的山水之中，更显诗人的灵气。其想象丰富、奇思纵横、气势恢宏、感情奔放似江河奔腾，又自然清新似云卷风轻。其诗歌的审美特征是兼具自然美、率真美和无拘无束的自由美。

还有人在文学中实现对自然的征服。比如杜甫的《望岳》，这是二十四五岁的诗人第一次"放荡齐赵间"（《壮游》）的作品。他去山东看望父亲，远远地看到了泰山，通过泰山的宏伟高峻来表现自己的眼界和雄心。泰山如此之大，雄踞于整个齐鲁大地，远远望去全是泰山的青翠；泰山如此之高，直插云霄挡住清晨的阳光，背阳一面依旧昏黑；泰山如此之宏伟，极目远眺心胸震撼。虽却如此，诗人依旧高呼一定要登上泰山的绝顶，去俯瞰天下的群山，让群山全在其脚下！诗作的豪情既是年轻人的狂傲，更是雄心，是眼界，是自信。

更有人在文学中与自然结为知己。李白的"相看两不厌，只有敬亭山"堪称诗人表现自己精神世界的佳作。此诗表面上是写独游敬亭山的情趣，而其深层含义则是诗人生命历程中旷世的孤独感。诗人以奇特的想象力和巧妙的构思方式，

---

[①]刘再复.文学常识二十二讲[M].北京：东方出版社，2016：55.

赋予山水景物以生命，将敬亭山拟人化，写得十分生动。作者写的不仅是自己的孤独和怀才不遇，更是自己的坚定信念，并在大自然中寻求安慰和寄托。人能够自由地把属于人的亲密情感移入自然对象，仿佛自然对象已成为自己的知己。文学可以传达人对自然的亲如知己的体验，由此实现人对自然、现实社会之关系的能动超越。

在对人与社会现实关系的超越方面，文学的超越性表现为在艺术世界里对人与社会现实关系的超越。与人在现实生活中总是受到社会关系的支配不同，文学审美可以使人在想象中摆脱现实社会关系的束缚，实现一定程度的精神超越。屈原在现实的政治斗争中充满痛苦悲怨，但他在《离骚》的艺术想象中描绘出高洁的人格形象，表达了"路漫漫其修远兮，吾将上下而求索"的执着人生理想。作为中国古代最长的抒情诗，《离骚》以诗人自述身世、遭遇、心志为中心。前半篇反复倾诉诗人对楚国命运和民众生活的关心，表达要求革新政治的愿望和坚持理想，虽逢灾厄也绝不向邪恶势力妥协的意志；后半篇通过神游天界、追求实现理想和失败后欲以身殉的陈述，反映了诗人热爱国家和人民的思想感情。全诗运用美人香草的比喻、大量的神话传说和丰富的想象，展现绚烂的文采和宏伟的结构，表现出积极的浪漫主义精神，并开创了中国文学史上的"骚体"诗歌形式，对后世产生了深远的影响。巴金的长篇小说《家》描写了20世纪20年代初期四川成都一个封建大家庭的罪恶及腐朽，控诉了封建制度对生命的摧残，歌颂了青年一代的反封建斗争以及民主主义的觉醒。它在精神上彻底否定、告别了旧家庭所代表的腐朽的社会制度和生活方式。

在对自我的超越方面，通过文学我们可以扩大认知、突破局限、提升价值、促进成长。南宋末年政治家、文学家文天祥将国家兴亡、民族命运与自己紧密联系在一起，他在《过零丁洋》中写道："人生自古谁无死？留取丹心照汗青。"这是带有哲理性的对人生的思考，并且集中于"个人的内在意志与外部力量产生冲突时，生命的价值该如何获得"这样一个命题。文天祥把作诗与做人、诗格与人格融为一体。这首千秋绝唱情调高昂，激励和感召着古往今来无数志士仁人为正义事业英勇献身。

文学审美活动具有的精神超越性，可以潜移默化地促进人的感性与理性、能力与志趣、道德精神与审美情趣等多方面的协调发展，有利于使文学成为陶冶人们道德情操、实现人们美好理想、丰富人们艺术感受、推动社会发展进步的一个重要领域。随着社会的发展进步，人们对精神文化有了新的更高的要求，文学将在增强人们精神力量、丰富人们精神世界方面发挥越来越重要的作用。

【思考与练习】

1. 在你的阅读经验中,有没有遇到惊艳你的诗篇?请举例分享。

2. 请试着从诗歌、散文、小说、戏剧等不同的体裁出发,谈谈你所理解的文学之美。

3. 德国哲学家康德曾经提出"(文学)审美无功利性",认为审美具有不指向实际利益满足的特性。请结合实际谈谈你的理解。

文学之美:华章溢彩

# Chapter 4
# 第四章

## 绘画之美：妙笔丹青

### 一、绘画艺术概述

绘画艺术是忠实于客观物象的自然形态，对客观物象采用经过高度概括与提炼的具象图形进行设计的一门艺术。它具有鲜明的形象特征，是对现实对象的浓缩与精炼、概括与简化，突出和夸张其本质因素。

在技术层面，绘画是一个以表面为支撑面，为其加上颜色的行为。这里的表面可以是纸张、油画布、木材、玻璃、漆器或混凝土等，添加颜色的工具可以是画笔，也可以是刀、海绵或者油漆喷雾器等。在艺术用语层面，绘画的意义亦包含利用此艺术行为，结合图形、构图及其他美学方法，达到表现出从事者希望表达的概念及意思的目的。

绘画是造型艺术的组成部分，是一门运用线条、色彩和形体等艺术语言，通过构图、造型和上色等艺术手段，在二维空间（即平面）塑造静态的视觉形象的艺术。

### 二、绘画的分类

绘画种类繁多，范围广泛。按世界体系来划分，绘画可以分为东方绘画和西方绘画。按题材内容来划分，绘画可以分为肖像画、静物画、风景画、风俗画、历史画、宗教画、动物画等。按使用的材料、工具和技法来划分，绘画可分为中国画、油画、水彩画、水粉画、版画以及粉笔画等。按作品的形式来划分，绘画可以分为壁画、年画、漫画、连环画、宣传画等。

可以说，绘画是一门样式和题材相当繁多的艺术类型。东方绘画一般指中国画，西方绘画一般指油画。无论是中国画还是油画，都有自己的审美特征和历史源流。绘画不仅是一种艺术形式，也是一种文化表达方式。它能够反映不同文化和历史背景下的社会风貌和民众生活，是文化传承和发展的重要载体。

### （一）中国画

中国画简称"国画"，是中国传统民族绘画的统称。近现代以来，人们为将其区别于西方输入的西洋画而称之为"中国画"。中国画在古代没有确定的名称，一般称为"丹青"，主要指的是画在绢、宣纸、锦帛上并加以装裱的卷轴画。中国画被誉为"琴棋书画"四艺之一，是国人依照长期形成的表现形式及艺术法则创作的绘画，在内容和艺术创作上体现了中华民族传统的哲学观念和审美观念，反映了画家个人的社会意识和审美情趣。中国画的主要工具与材料和中国书法类似，只是除了"笔墨纸砚"文房四宝，还要加上中国画颜料。中国画的画幅形式较为多样，横向展开的有长卷（又称手卷）、横披，纵向展开的有条幅、中堂，盈尺大小的有册页、斗方，画在扇面上的有折扇、团扇等。中国画在思想内容和艺术创作上有很多类型，按照不同的题材，可分为人物画、山水画、花鸟画等；按照不同的使用材料和表现方法，可分为水墨画、重彩画、浅绛画、工笔画、写意画、白描画、没骨画、壁画等。

中国画具有鲜明的民族风格和独特的韵味。在描绘物象上，中国画一般运用线条、墨色等表现形体、质感，具有高度的表现力，并与诗词、款赋、书法篆刻相结合，达到形神兼备、气韵生动的效果。此外，中国画一般还具有独特的装裱形式。俗话说："三分画、七分裱。"装裱不仅能够起到衬托画体的作用，而且便于悬挂、展览、观摩和欣赏，也便于保存和长期收藏。

谈及国画，就不得不说说豫章师范学院杰出校友傅抱石先生。在继承和发扬中国传统绘画技法的基础上，傅抱石打破笔墨约束，推陈出新，独创"抱石皴"，笔致放逸，气势豪放，是中国山水画皴法中的又一次创新与突破。傅抱石的"抱石皴"用"散锋乱笔"来表现山石的结构，自由挥洒，形成许多飞白，可谓"老辣中见潇洒，飘逸中寓深沉"（见图4-1和图4-2）。

图 4-2　傅抱石《重庆金刚坡图》

### （二）油画

油画是西方绘画艺术的代表，具有极高的造型能力和色彩表现力，因使用油质颜料作画而得名。在文艺复兴时期，油画艺术的创作取得了极高的成就，出现了以"画坛三杰"（达·芬奇、拉斐尔和米开朗基罗）为代表的诸多闻名世界的艺术家，更有《蒙娜丽莎》（见图4-3）、《最后的晚餐》（见图4-4）、《西斯廷圣母》（见图4-5）、《创造亚当》（见图4-6）等不朽的杰作问世。这一阶段的油画，遵循传统观念中的"摹仿"原则，即艺术家在作画时，严格按照符合视觉原理的焦点透视法进行创作，并强调以写生为基础的光效和色彩。

图 4-1　傅抱石《春山策杖》

第四章 绘画之美:妙笔丹青

图4-3 达·芬奇《蒙娜丽莎》

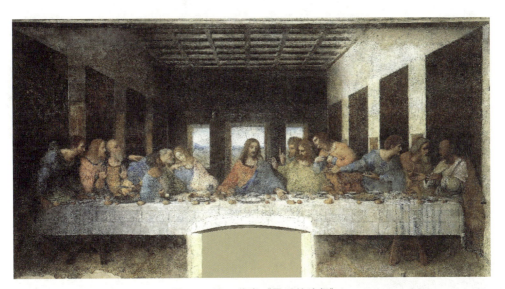

图4-4 达·芬奇《最后的晚餐》

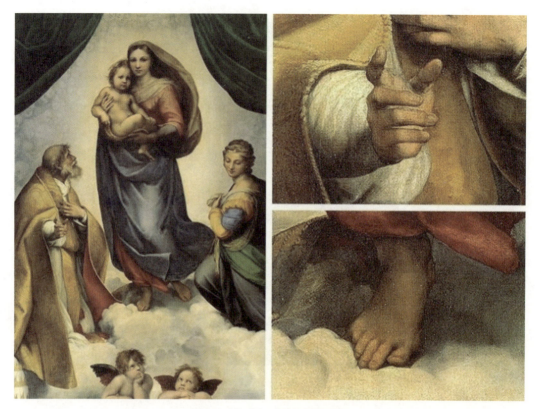

图 4-5　拉斐尔《西斯廷圣母》

图 4-6　米开朗基罗《创造亚当》

18—19世纪，欧洲进入近代史阶段，绘画的观念和侧重点也逐渐发生了变化，不仅更加强调对个人印象的表现，而且在画作的形体和色彩上带有更多的主观因素。20世纪以来，西方画坛出现了各种思潮和流派，现代主义美术呈现多元化发展趋势，其中野兽派、未来派、立体派、抽象主义、表现主义、超现实主义、构成主义、新造型主义、超前卫艺术、波普艺术等，都在形式上不断翻新，力图打破固有局限，在手法上不断标新立异，形成了十分复杂的艺术现象。

## 三、绘画的艺术语言

绘画的艺术语言主要包括线条、色彩、构图、质感和肌理等。艺术家通过这些元素将自己所要表现的事物转化为审美意象，使欣赏者在思想和情趣上对艺术作品产生高度的认同感。

### （一）线条

线条的审美意味与艺术功能是丰富多样的，不同的线条随着速度、方向、长短、曲直、轻重、深浅、粗细疏密、材质及排列方式等的变化，传递出或安静或烦躁、或舒缓或疯狂的状态或情绪，表现力极强。

不论是东方绘画还是西方绘画，线条都有极其重要的作用，是所有造型的基础。在中国绘画艺术中，线条的表现力尤为突出。以线条为基本造型手段的中国传统绘画作品有很多，如以墨线勾描物象的《白描荷花》（见图4-7），仅凭简练的线条即创造出动人的艺术形象。事实上，中国传统绘画在某种程度上就是以富有骨气韵味的线条来取胜的。欣赏中国绘画作品的观众通过移情或想象，可从富有张力的线条中领略到美的节奏和韵律，如徐悲鸿的《奔马》（见图4-8）中马的尾部线条飞扬跃动，展现了奔腾骏马的如虹气势。

图 4-7　黄永玉《白描荷花》(局部)

图 4-8　徐悲鸿《奔马》

## (二)色彩

色彩能给人以想象的空间和趣味。以俄罗斯画家瓦西里·康定斯基的作品为例（见图4-9），他把抒情的抽象和几何的抽象有机地结合起来，在几何形状的结构与造型中配以光和色，使画面既充满幻想、幽默，又具有神秘色彩。康定斯基认为，现有的绘画方式无法表达他内心的感受，他需要一种纯绘画，让人在观看时像听音乐一样感受到流动性。他的绘画作品中有着许多重叠和变化的布置，每一个形体都有自己的法则，每一个法则又在这个整体中产生了强大的冲击力，使整个画面充满律动感。因此，他的绘画作品中有一种与音乐相通的气质，欣赏者能从中感受到音符般的因素。

图4-9　瓦西里·康定斯基《星期二是什么颜色的?》

不同的色彩能给人以不同的情感暗示。比如，黑色给人以沉寂之感，黄色给人以灵活之感，粉色给人以鲜亮可爱之感，蓝色给人以平和之感，绿色给人以宁静之感，白色给人以纯洁之感，紫色给人以高贵神秘之感，等等。如凡·高的《向日葵》（见图4-10）画面由不同明度、不同纯度的黄色绘成，黄色的背景、花瓶、花，深蓄浅黄、柠檬黄、橘黄、土黄，配以少量的深绿色与草绿色的枝干和叶子、一点天蓝色的花蕊，显得灿烂夺目。

图4-10　凡·高《向日葵》

色调是指一幅画中画面色彩的总体倾向，是整体的色彩效果。色彩在光的作用下能够传递冷暖色调。从人们的审美习惯上看，多数人喜欢温暖的色调。18世纪英国画家乔舒亚·雷诺兹在其著作《论绘画中的色彩和构图》中指出：要使一幅画获得美满的效果，光的部分当永远敷用热色，黄、红或带黄色的白；蓝灰、绿色永远不能当作光明，它们只能用以烘托热色。而英国画家托马斯·庚斯博罗看到这段话之后，画了一幅与雷诺兹的色彩理论相悖的作品《蓝衣少年》（见图4-11）。有人对这一作品进行了这样的评论："蓝色为冷色调，在绘画中一般不会将其作为主色调使用。但这件作品虽然以蓝色为主色调，却没有一点令人不适之感，反而使人感到出奇制胜。活泼、跳跃的蓝色绸缎，变幻莫测的衣纹和高光，不落俗套的蓝色调与含蓄、变化丰富的黄灰、蓝灰、绿灰、红灰的背景形成了奇妙又和谐的对比，充分展现了庚斯博罗高超的绘画技巧和用色水平。"

图4-11　托马斯·庚斯博罗《蓝衣少年》

## (三) 构图

绘画艺术语言中的构图是指作品中艺术形象的结构配置方法,是画家根据特定主题的要求,在一定的空间中把个别或局部的形象适当地组织起来,构成一个协调的、完整的绘画作品。

构图讲究均衡与对称、对比与视角。均衡与对称是构图的基础,往往在严肃的题材和大型艺术作品中使用,主要作用是使画面具有稳定性,体现庄严感、震撼感和沉重感。在绘画中巧妙运用对比,不仅能增强作品的艺术感染力,还能鲜明地反映和升华主题。对比主要包括形状对比(如大小、高矮、粗细对比)、色彩对比(如冷暖、黑白对比)和明度对比(如深浅、明暗对比)等。视角是在构图中体现空间感的重要依据,在绘画中保持统一的视角能够形成准确的空间关系,给画面带来平衡感。绘画中使用视角原则是为了将观众的注意力吸引到画面中心点上。

在中国画中,构图被称为章法或布局。中国画的章法或布局受独特的观察方法和表现方法等因素的影响,形成了特殊的绘画规律和绘画方法。构图的原则一般是整体、变化、和谐。构图与用笔、用墨、设色及透视等多方面有密切的联系，在表达画面立意时强调写意性和灵活性。这种写意性和灵活性具体表现在透视、取舍、主次、取势、开合、呼应、空白、疏密、穿插、虚实、边角及题款、钤印等的处理方面。

（四）质感和肌理

质感是指绘画艺术通过不同的表现手法将各种对象所具有的特质在作品中表现出来，如青铜、泥土、丝绸、宣纸、木材、大理石等物的轻重、软硬、糙滑等不同的特征，从而给人以真实感和美感。在绘画中，油画利用光影、色彩等因素，通过不同的技法、笔触等描绘出不同的质感效果，如粗糙、细腻、朦胧、薄厚等。

对物体肌理的表现与刻画是体现质感的重要方面。这里的肌理是指绘画作品表面的纹理。人们的触觉和视觉所感受到的起伏、平展、光滑、粗糙的程度在绘画艺术中一般称为笔触。笔触能体现轻重、快慢、激动与柔情等。

中国山石画中的皴法是表现各种石质纹路的主要手段，也是一种非常好的表现画面肌理的技法。皴法力度感强，在纸上能形成有冲击力的笔痕，给人以威慑力和感染力。皴法的形态多种多样，在树木当中，松树、梧桐树、柏树的皴法皆不同；在山石当中，不同地域的地貌特征适用的皴法形态也不同。如元代画家黄公望的《富春山居图》（见图4-12），作品中"披麻皴"的运用达到了炉火纯青的境界，线条排列疏松，略带弯曲，用笔苍茫，于写意中体现出"以书入画"的审美意趣。

图4-12　黄公望《富春山居图》

## 四、绘画作品赏析

最具代表性的绘画之美因文化和历史背景的不同而异,以下是一些具有代表性的绘画之美。

《人物龙凤帛画》(见图4-13)是战国时期的帛画,表现了墓主人的华贵生活,具有独特的艺术风格和深厚的文化内涵。

**图4-13　《人物龙凤帛画》(局部)**

《女史箴图》(见图4-14)是东晋顾恺之的画作,其以人物形象和衣饰的细致描绘而著名,具有古朴清雅的艺术风格和深厚的文化内涵。

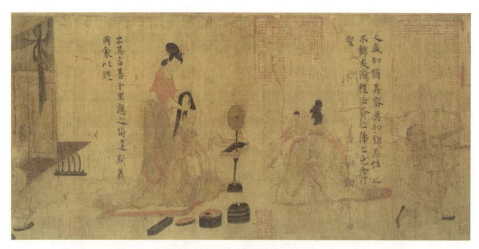

图 4-14 《女史箴图》（局部）

《洛神赋图》（见图 4-15）是东晋顾恺之的画作，其以表现《洛神赋》这一文学名篇的故事情节而著名，具有诗意浓郁的艺术风格和深厚的文化内涵。

图 4-15 《洛神赋图》（局部）

《清明上河图》(见图4-16)是北宋张择端的画作,其以描绘北宋都城汴京(现在的开封)的市民生活和城市风貌而著名,具有细致入微、气势磅礴的艺术风格和深厚的文化内涵。

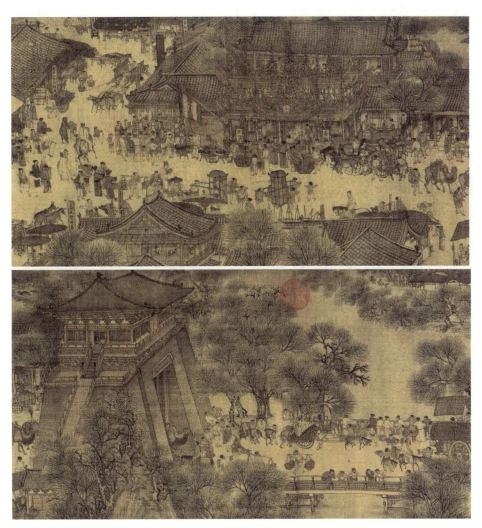

图4-16 《清明上河图》(局部)

《星月夜》(见图4-17)是荷兰后印象派画家凡·高的画作,其以强烈的色彩和富有表现力的笔触表现出夜空的壮丽景象,具有激情奔放的艺术风格和深厚的文化内涵。

以上这些绘画作品都具有丰富的艺术内涵和特定的文化背景,代表了不同历史时期不同文化领域的美学精髓,是世界艺术宝库中的瑰宝。

总之，绘画是一种具有丰富内涵和表现力的艺术形式，它通过色彩、线条和块面的组合，表现出作者对现实生活的审美感受和思想感情，同时反映了社会和文化的发展与变化。

图 4-17　凡·高《星月夜》

【思考与练习】

1. 说说你最喜欢哪种绘画风格，并阐明理由。

2. 你认为练习绘画除了可以提高绘画技能之外，还有哪些方面的好处？

3. 你有没有在观看某幅绘画作品时，产生特别的情感反应？如果有，试着说说那是一幅什么样的作品，以及你被它的哪一点吸引。

绘画之美：妙笔丹青

# Chapter 5
# 第五章

## 书法之美：行云流水

### 一、书法的审美属性

书法这个艺术瑰宝源自中国几千年的历史积淀。书法的独特之处在于，独具韵味的线条在不同的组合搭配下构建出仪态万千的翰墨华采。书法虽处方寸之地，却尽现万象之美（见图5-1至图5-3）。

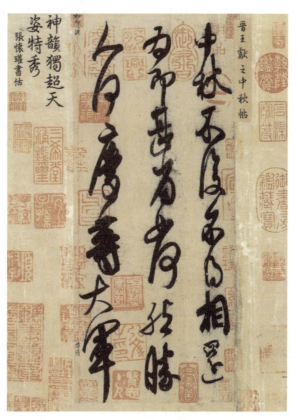

图 5-1　东晋 王献之《中秋帖》（局部）

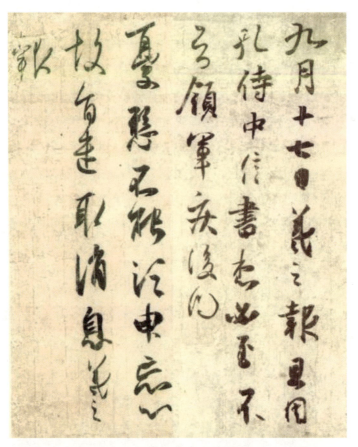

图 5-2　东晋王羲之《孔侍中帖》

图 5-3　东晋王献之《新妇地黄汤帖》（局部）

书法中的一笔一画，支起中国气质；一撇一捺，蕴含中国智慧。作为一门综合的艺术，书法集汉字、诗词、美学、构图、修养、情感、意志乃至胸怀于一体，可以体现音乐的节奏感以及美术的画面感。

象形的字可以在抽象的点、线等笔画中，表现一个生命体的骨、筋、肉、血；而中国的毛笔铺毫抽锋、极富弹性，所以巨细收纵、变化无穷。书法的世界也因此有了丰富的想象、勃勃的生机。

中国美学的基础是从书法开始的。那么，我们应该如何欣赏中国书法之美呢？书法的美主要体现在三个层次——材料美、线条美和意境美。材料美是书法美的物质基础。书法的材料即"文房四宝"（笔墨纸砚），这些材料对书法起到关键的辅助作用。线条美是书法美的具体表现形式。书法美的最高境界是气韵生动。要达到这一境界，就需要写出具有结构美、力量感和节奏感的线条。意境美是书法美的精神实质。书法的意境包括神采、韵趣和诗情。材料美、线条美和意境美三者融合统一、相互升华。

林语堂先生说过，"只有在书法上，我们才能够看到中国人艺术心灵的极致"，"不懂得中国书法及其艺术灵感，就无法谈论中国的艺术"。接下来，我们详细介绍千年书法线条美究竟美在何处。

线条是书法艺术的语言。线条具有神奇的表现力和美感，它不仅是书法的筋骨皮相，更是书写者以精神气韵将所作之书激活使之原神内蕴而华采外彰的具体表现。成功的书法作品一定有饱含韵律美和节奏感的线条。

书法是抽象线条的王国，线条是书法的灵魂。线条之所以富有神奇的表现力，就是因为其具有极为复杂的属性，诸如质感、力感、动感、立体感、节奏感等。线条是书法艺术的语言，是书法艺术的主要构成材料。正因如此，书法美的表现形式通常是线条造型。

动性是线条的本质属性之一。动性即线条的流动韵律。一幅书法作品如果由具有生命力的流动线条构成，则具有生机盎然的动态美。世界一切事物的发展变化无不具有一定的节奏，书法艺术也是如此，历代书法家都非常重视这一点。

## 二、行书的美学特征：行云流水

中国书法随着汉字的演变而发展，在世代更迭中形成了篆、隶、楷、行、草五种书体。博大精深的中国书法艺术在世界各民族文字中，可谓独树一帜。其中，行书是楷书的变体。行书讲究务从简易、相间流行，于挥毫泼墨间，体现行云流水、潇洒恣意之态。

东晋穆帝永和九年（公元353年）三月初三，借着上巳节的传统习俗，王羲之与友人在兰亭雅集饮酒赋诗，曲水流觞之间，诞生了"天下第一行书"《兰亭序》（见图5-4）。此书用笔细腻且结构多变，将不同书体风格融会贯通，一气呵成，让人惊叹，也成为后世临摹之典范。

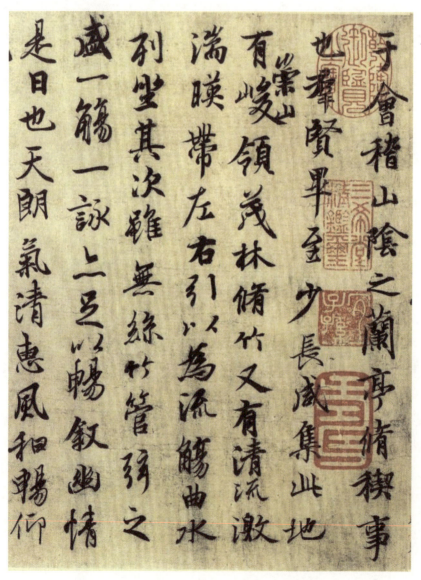

图5-4　东晋王羲之《兰亭序》（局部，冯承素摹本）

行书在楷书的基础上发展演变而来,是介于楷书和草书之间的一种书法。若把楷书和行书贯穿起来看,唐代书法家颜真卿的《颜勤礼碑》(楷书)(见图5-5)和《祭侄文稿》(行书)(见图5-6)两件作品即为最好的例证。《祭侄文稿》是在颜真卿极度悲愤的情绪下书写的,体现的不是斟酌再三的韵道,而是内在精神和功力的自然流露,这在整个书法史上都不多见。

图5-5 唐代颜真卿《颜勤礼碑》(局部)

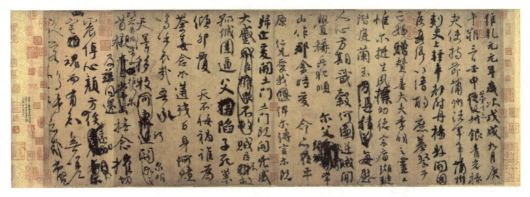

图5-6 唐代颜真卿《祭侄文稿》

如果说王珣的《伯远帖》(见图5-7),是"志在优游",那么米芾的《蜀素帖》(见图5-8)则用行动践行了"游之乐"。由八首诗构成的《蜀素帖》记叙了游乐和送别之情。最为难得的是,此文所承之载体不是纸本而是名绢,并呈"青松劲挺姿态"。米芾行书"八面出锋"、刚柔相济、沉着痛快,《蜀素帖》不愧为"中华第一美帖"。

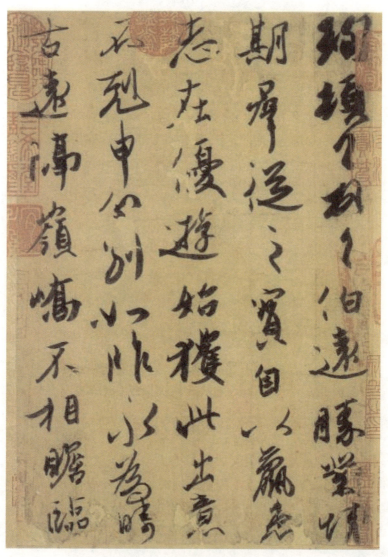

图5-7　东晋王珣《伯远帖》

第五章 书法之美：行云流水

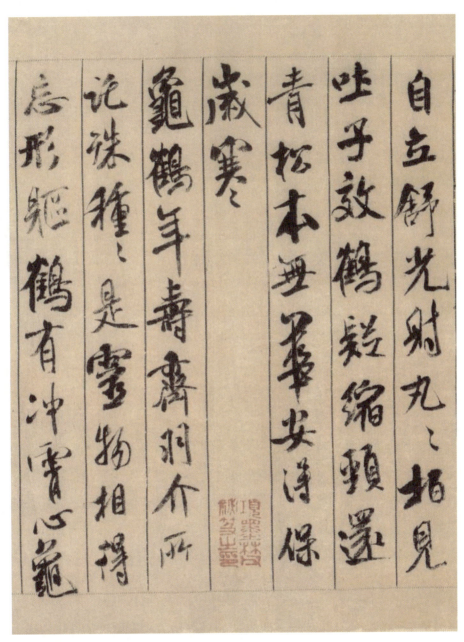

图 5-8　宋代米芾《蜀素帖》（局部）

## 三、书法的美学特质

我们知道,美就是好看、耐看,能吸引人,并且能让人回味。书法最基本的就是一种汉字的组合,要好看、耐看,能吸引人,最基本的前提是能让人看懂。人们只有看懂了才能细细体会书法艺术的字外功夫和意境。如果挂在墙上的书法作品,内行人看得不舒服,外行人看得不明白,就失去了书法本身的意义。

中国现代美学的先行者和开拓者宗白华先生说过:若字与字之间、行与行之间,能偃仰顾盼、阴阳起伏,如树木之枝叶扶疏而彼此相让,如流水之沦漪杂见而先后相承,这一幅字就是生命之流,一回舞蹈,一曲音乐。

能称为艺术的书法,绝不是一个个汉字的简单组合,书法家也不是简单地把汉字组合起来书写内容。这其中包含着书法家的修养、基本功,以及书法艺术内涵的积淀和对艺术美感的把握,如苏轼书写的《黄州寒食诗帖》(见图5-9)。如果一个人仅仅是把汉字组合起来书写,模仿别人的字体,即使能做到形似,最多也只是个"书匠",而不能被称为书法家。

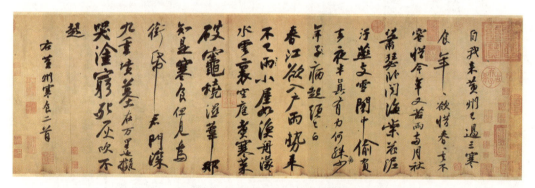

图5-9 宋代苏轼《黄州寒食诗帖》

书法之所以能称为艺术,除了字体、结构、内容的体现,还有用笔的轻、淡、浓、重、枯、飞白、疏、密,以及中锋、侧锋等技巧。好的书法创作,书写者的字外功夫,如艺术修养、汉字功夫、古诗词功底、美学知识、形象思维、形体表现力等也非常重要。如宋代黄庭坚的《花气熏人帖》(见图5-10),从用笔上来看,黄庭坚的字丝毫没有放松的意思,字迹方面表现得刚强挺健,给人一种大气沉稳、力透纸背的感觉,也含蓄地体现了他要强的人格魅力。

第五章　书法之美：行云流水

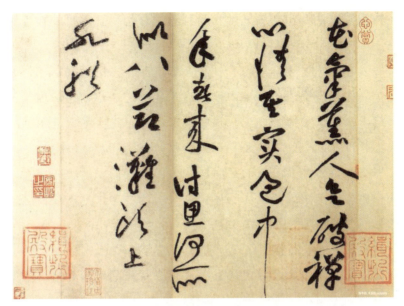

图 5-10　宋代黄庭坚《花气熏人帖》

书法其实是一门难以用笔展示表现力的艺术。这具体体现在以下几点。

第一，结体的认识。只要认识字的人，都知道笔画怎么摆放才好看，所以如果书写者没有把握这个最基本的规律，大家都不会认可它，会认为书写的字不好看。它不像花鸟画或山水画，少一棵树、少一朵花，或者枝干少一笔、花瓣少一叶，都无伤大雅。书法是必须讲究结体的。

第二，结字的规律。书法的意蕴完全靠作为基本元素的"字"来表现，而字的结构、字体、笔画等遵循一些基本规范。如果想要有所突破，就要有一定的法度。即使是草书，如果不当心将笔画收多了一点或放长了一点，也可能会使字义完全变了。所以要在整体篇幅中表现没有色彩的书法，让人产生一种美的享受，感受到书写者特有的气质、内涵、情感、创意，是相当难的。

第三，书法艺术是中国传统文化的象征。书法是中华民族的瑰宝，是传统文化的基石。从甲骨文到篆、隶、楷、行、草等书体，书法历经几千年的千锤百炼，形成了严谨的美学规范。书法是汉字书写的文化艺术，如果深研书法，就会发现它的博大精深，发现它融合了传统中国文化、文人自娱的散文和文字的绘画艺术以及传统的艺术笔墨技法。书法不仅有悠久的历史，还有广泛的社会文化基础，在当今社会得到人们的普遍认同和接受。如今，我们的文化环境在改变，但是依然有很多人热爱并学习书法，这不仅体现了中国文化艺术的延续性和极强的生命力，还体现了书法这门传统艺术自身的魅力，也由此可见它在中国文化历史中的地位。

第四，书法艺术的情感表现力。书法是所有平面艺术中最难表现的一门艺术，因为它要在单一的表现手法中丰富内涵、追求美感、表达情感。如果没有长时间的磨炼，没有丰富的艺术修养，没有很好的基本功，没有平面艺术的表现力，没有形象思维艺术的功底，就完全没有办法表现书法独特的艺术魅力。

第五，书法的整体美。只有书写的结构美，书写的章法美，书写的内容融合在整体章法中体现出美感，整幅作品体现书写者的性格、意志或情感，才能体现书法的整体美，才能称为书法艺术。

第六，书法应该追求高雅的格调。古代固然有好多值得我们学习的书法大家，但书法作品有一定的时代内涵。古代书法大家书写作品时的处境、心情、情感与我们现在的环境截然不同，所以现在不管什么书法大家，都难以写出颜真卿的《祭侄文稿》那样悲愤的心情以及愤慨的笔意，都难以写出王羲之那样悠闲自得、群贤毕至的《兰亭序》。我们现在的书法要与时俱进，体现新时代的风貌，而不能一味追求古意。

第七，书法需要坚实的基本功。现在一些所谓的"书家"在走"捷径"，认为写清朝书家的东西可以出效果。他们误以为去表现一些原来大家没有注意的东西就可以成功。现在我们可以看到有好多"书家"根本不从基本功学起，楷书都不会写就拿起笔来写行书、写草书，甚至认为只要把字写得让大家看不明白，就是书法艺术。现在还有好多"书家"就像个别只会唱一首歌的歌星一样，在任何场合就写一幅字，别的什么都不会。这种没有坚实基本功的"书家"注定是走不远的。

第八，书法是一门综合的艺术。书法集汉字、古诗词、美学、构图、本身的结体、书写者的修养情感等于一体。它绝不是一门单纯的艺术。书法艺术可以体现音乐的节奏感、美术的平面美感，也可以表现个人的情感。书法艺术的魅力能够从古延续至今，正是由于它具有这种综合性的艺术特征。

书法是中国文化的生命基元，辽阔的山河、纷繁的习俗、诸多的方言，都可以凭借书法中永恒的线条获得统一。书法的书写过程既是文化流通的过程，也是人格修炼的过程。在这至简至朴又至深至厚的书写过程中，书法不断推动中国文化美学品格的提升。

## 四、书法和舞蹈的审美共性

行云流水的书法之美和舞蹈艺术在本质上有相同之处，它们都不只体现为外在的形式，还体现为向内寻求身体的力量以及生命的各种可能。舞者的翩跹身影恰如书法家手下飞舞的笔墨；舞者身体的动静收放恰如书法一撇一捺呈现的美好意象；舞者身体的形态好比"永字八法"；舞者身体的扭动恰似书写的笔迹；舞者身体的张力恰似书法家挥毫泼墨的酣畅淋漓……舞蹈与书法的艺术具体表现形式虽然不同，但都带有"行云流水"的畅快淋漓。这就是艺术的本质，给人以美的感受和心灵的洗涤。

草书的"字字相连、行云流水"与舞蹈是最为契合的，草书之美就在于信手拈来、一气呵成。相传唐代书法家张旭在河南邺县时爱看公孙大娘舞西河剑器，并因此而得草书之神。他的作品落笔如顶千钧，倾势而下；行笔婉转自如，有急有缓；笔画行云流水、连绵不断。他将手中的毛笔当作舞步，体态潇洒地让所有的动作一气呵成，有造型、有节奏、有徐疾、有韵致（见图5-11）。张旭用行云流水的字字相连"舞"出了那个时代的精神气质，直至今天人们依然可以从这笔墨中感受到那醉步如舞的真心。这就是书法艺术所带给人们的精神慰藉和美的感受，也是文化的灵魂。

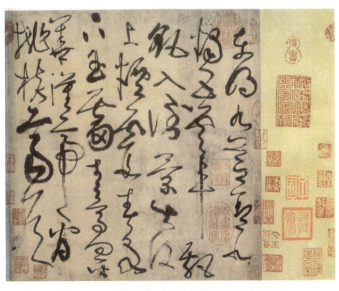

图5-11　唐代张旭《草书古诗四首》（局部）

书法与舞蹈同属人类精神的最高需求，即美的需求。虽然是一静一动两种不同的艺术，但它们在不断交融的过程中得以升华，并殊途同归地走向了美的极致——行云流水、永生不断。下面我们从线条美、气韵美以及意境美三个方面对书法和舞蹈进行比较。

## （一）线条美之比较

无论是书法还是舞蹈，都是通过千变万化的线条来呈现的。书法通过书写的轻重、疾快、强弱、顿挫等，在纸上留下千变万化的线条，充分体现书法线条的和谐与动态美。比如明代王铎的《草书高适七绝万骑争歌杨柳春诗立轴》（见图5-12）用笔有一种豪迈不凡的气概，曲直有致、方圆相间，线条时而重书粗画，时而轻描淡写，既雄健有力又痛快流畅。舞蹈的线条美则体现在两个方面：一是舞者身体的线条，二是舞蹈动作的线条。前者为"形"，后者为"神"，唯有"形神兼备"才是舞蹈美的最高境界。

舞蹈的线条融贯于书法的"墨韵"之中，充分体现了书法与舞蹈间贯通的线条之感。书写者身体的韵律与书法的线条融为一体，就像舞者拧倾圆曲的体态、忽展忽叠的形态、起承转合的袖势带来的美感一样，达到了形神兼备

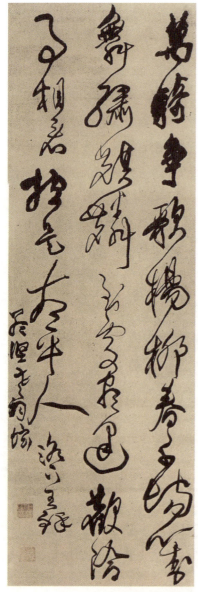

**图5-12** 明代王铎《草书高适七绝万骑争歌杨柳春诗立轴》

的艺术境界，使得作品有飞动之美、韵律之美、线条之美、行云流水之美。

书法是线条的艺术，在笔势流动中体现出书法艺术的线条美感。隶书线条的参差俯仰，使其工整险峻；楷书线条的方正端庄，使其遒劲有力；行书线条的错落有致，使其若雷奔云集。其中，草书的线条是所有书体中变化最多的，其笔画像水波一样流转，牵丝和相连十分自然；笔画间的流动有快有慢、动静结合，如

同舞蹈线条般行云流水、变幻莫测。

## （二）气韵美之比较

气韵是中国美学的重要理论范畴，在书法中，"气"使作品连贯、流畅；"韵"是旋律、韵味，使得作品有内涵。舞蹈中的"气韵"与书法相似，"气"即气息，舞者只有将内在的气息与外在的肢体动作交融，舞蹈才能够流畅、通顺；"韵"即韵律，只有具有循环持久的气息，肢体的运动才会有节奏和韵律。不管是书法还是舞蹈，都是只有"气韵合一"才能最终达到行云流水的艺术境界。

中国台湾舞蹈家林怀民用了20多年的时间来思索如何将书法的气韵融入舞蹈的语言之中，最终《行草》三部曲以惊世骇俗的气势"癫狂"入世。在舞蹈过程中，舞者如同一个挥毫泼墨的书法家，玄衣翻飞如笔尖婉转，气韵回转如书法顿挫；时而停顿，时而激越，时而流动婉转，时而迟缓柔媚。《行草》之美是"以张力为形，气韵为神；将行书之气韵，为其舞蹈语言"。虽然布景上没有笔墨，舞台上没有字迹，却能够使人真切地感受到书法作品行云流水的气势和韵味。

这和书法中"意到笔不到"的内在含蓄性有着相同的意义和境界。书法家将物象中可以构成美的要素熔铸于书法的气韵之中。"张旭观公孙大娘舞剑，雷太简昼卧听江涛暴涨"，他们体悟到舞剑、奔涛形象中的一种气韵，才使心中之感奔于笔下，才能在千变万化的线条中形成行云流水的气韵之美。再如明代董其昌的《房村夜宿诗扇面》（见图5-13），作品气息流畅，顿挫有节，富有张力，且用笔轻盈，用墨淡雅，尤见韵味。

**图5-13　明代董其昌《房村夜宿诗扇面》**

### （三）意境美之比较

无论是舞蹈还是书法，都是在景中藏情、情中见景和情景交融中创造意境的。其中，虚实相生是意境创造的完美境界。这里的"虚"是指由实境引发的想象的空间；而"实"是指生动、逼真表现出来的景、形、境。只有虚与实互为根基，才能使艺术作品最终达到意境审美的最高境界。

中国古典舞《扇舞丹青》将虚实相生的意境之美进行了完美的演绎。舞者借用一把折扇，演绎了中华民族书法艺术虚实相生的意境之美。

书法和舞蹈虽非同一性质的艺术，但它们都在虚实相生的意境中给人以美的艺术享受。王羲之的《兰亭序》堪称意境美的典范，人称"飘若游云，矫若惊龙"。他将情感倾注于笔端，赋予每个字一定的形态，或坐或卧，或行或走，或舞或歌，同字异构，字字意别而又自然天成。在虚中有实、实中有虚里共同建构了虚实相生的精妙意象，使《兰亭序》具有行云流水而又变幻莫测的审美意境。

## 五、书法艺术是中国人的精神追求

书法是一种极为特殊的艺术，是中国诸多传统艺术中最为普遍、最为典雅、最富内涵的艺术。书法既是具体的造型艺术，又是抽象的表意艺术，还是实用艺术，它历来被认为是中国艺术精神的体现。

一般来说，在书法临摹与创作的过程中，墨法应该是浓淡结合、枯湿并用的。我们只有多练、多观、多思、多悟，才能熟练掌握用墨的规律，才能呈现多姿多彩的笔墨线条效果。我们在真切感受书法线条之美的时候，应关注书法家的文化情怀、情感变化、精神境界等；在书写的时候，需要进行不断的练习和推敲，更好地追求书法的线条之美。

豫章师范学院杰出校友赵定群，是著名的书法家和书法教育家，其作品多次在国家级大赛中获得优异成绩。

赵定群的行草书风格迥异（见图5-14），偏行的以二王（王羲之和王献之）、王铎为依托，偏草的以二王（王羲之和王献之）、王铎、赵子昂（主要是赵子昂）为骨架。其多种行草风格都离不开对传统书法艺术的深入解读，无论是偏行还是偏草的书法，都以大朴大拙为灵魂追求，是当代行草书的佼佼者。

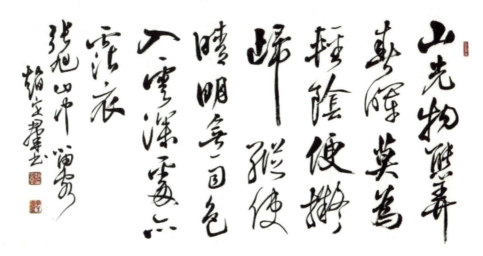

图 5-14　赵定群行草书作品

【思考与练习】

1. 你有没有遇到过惊艳你的书法作品？请举例分享。

2. 请试着从书法审美的角度，谈谈你所理解的"天下第一行书"《兰亭序》的书法之美。

3. 请结合实际，谈谈你对梁启超所说的"中国书法的美是线的美、力的美、光的美和表现个性的美"的理解。

书法之美：行云流水

# Chapter 6
# 第六章

## 陶瓷之美：巧夺天工

陶瓷艺术在中国艺术史上历史悠久，是中国工艺美术中非常重要的一类。在中国画传播到欧洲之前，欧洲人就通过陶瓷了解中国艺术，中国的英文"China"也指陶瓷。可以说，陶瓷艺术是中国古代最为辉煌的艺术成就。

严格意义上的陶瓷包括陶器和瓷器这两个不同的概念。先有陶器，后有瓷器。陶器是有色陶器，它出现在新石器时代。瓷器是汉代以后在陶器的基础上发展起来的，其在特性方面与瓷器有很大的不同，现在的人们称它们为陶瓷。

## 一、陶瓷发展的三个阶段

我国陶瓷在漫长的历史过程中经历了三个阶段，即彩色陶器阶段、青瓷阶段和彩色瓷器阶段。

我国南方发现了可追溯到一万七千年或一万八千年前的陶瓷痕迹，这是世界上目前发现的最早的陶瓷遗迹之一。虽然陶瓷生产的痕迹可以在旧石器时代找到，但陶器生产作为一种艺术形式和技能的第一个证据是在汉代发现的。唐代见证了更多类型陶器的发展，尝试了不同类型的（高烧和低烧）陶瓷。唐代的人们还尝试了不同的染料和染色，例如三彩铅釉、高烧石灰釉青瓷以及高透白瓷。

青瓷是指成熟的青瓷器。因釉料中含有一定的铁元素，它经高温烧制后，呈青绿色或青黄色，所以称为青瓷。成熟的青瓷器烧成于东汉时期。东汉晚期窑址出土的青瓷质地致密、透光性好、吸水率低，系用1260℃~1310℃高温烧成；器表通体施釉，胎釉结合牢固；釉层透明，莹润光泽，清流淡雅，秀丽美欢。这说明东汉时期的青瓷，已经具备了成熟瓷器的各种条件。从东汉起，历经六朝、唐宋以至明清各个时期，青瓷始终盛行不衰，并涌现出各个时期的名品佳作。

珐琅彩瓷器是中国古代瓷器生产工艺发展到顶峰时期的产物，堪称中国古代彩绘瓷器中的佼佼者。它是清代康熙晚期在康熙皇帝的授意下，将从欧洲传入的金属胎画珐琅技法成功移植到瓷胎上而创烧的釉上彩瓷新品种。以雍正、乾隆时期的产量最大,乾隆以后少有制作。

## 二、陶瓷不同发展阶段的重点

在陶瓷发展的三个阶段中,唐代三彩陶器、宋代白瓷、元代青花瓷和明清瓷器都是不可或缺的一部分。在陶瓷的发展进程中,它们绽放出不同的光芒。

"三彩陶器"这个术语源自中文的字面意思——"三色",它表明了陶器本身的特征。唐三彩陶器在艺术上的最成功之处,在于突破了以往单色釉的局限,而运用多种釉色装饰器物,从而取得华丽动人的效果。唐三彩釉面装饰图案主要有网状、散点、彩带等。这些图案的表现手法不一,或利用釉彩的自然流动,或用毛笔沾釉汁描绘图案,或模仿唐代丝织品中的蜡染工艺等。

唐三彩造型很丰富,大致可分为雕塑和器具两大类。雕塑类有人物、马、骆驼、狮、狗、牛、鸭、镇墓兽以及建筑、车辆等;器具类有瓶、壶、罐、炉、樽、碗、盘、杯、盂、盒、枕、灯、烛台等。通常,雕塑类器物比较写实,像三彩马(见图6-1)、胡人俑、骆驼俑等都反映了唐代的社会生活;而器具类器物,因为小巧,制作可以更加精细,造型可以更丰富,颜色可以更绚丽。

**图6-1 唐代三彩马**

与三彩陶器中的奶油色和浅绿色形成鲜明对比的是，建茶器（在宋代最为流行）使用富含铁的黏土和高温来创造出黑色的熔釉，其深色色调鲜艳夺目，氧化过程中产生的脊状图案也很不寻常。这种类似"野兔毛"的图案，俗称"兔毫纹"，后来被用来创造与之类似的效果，例如油斑、茶末和鹧鸪羽毛釉效果，这种技术受到了人们的欢迎，在很大范围内流行。图6-2所示的建阳窑黑釉兔毫盏，高9.6厘米，口径16.2厘米，足径4.9厘米，是典型的福建建阳窑器物。北宋时期因宫廷盛行斗茶之风，所以这种胎体厚重、釉色漆黑的茶盏流行一时。

图6-2　宋代建阳窑黑釉兔毫盏

宋瓷的代表是汝、官、哥、钧、定这五大名窑，在器型、釉色、胎质等方面都达到极高的成就，成为藏家追捧的珍宝，也是工匠追摹的标杆。"五大名窑"的名号，最早可见于明宣德年间《宣德鼎彝谱》中所说的"内库所藏：柴、汝、官、哥、钧、定"。清代许之衡的《饮流斋说瓷》中有言："宋最有名之有五，所谓柴、汝、官、哥、定是也。更有钧者，亦甚可贵。"五大名窑在釉色上树立了典范，汝窑莹润如脂，官窑和哥窑反复施釉使得釉面厚重，定窑洁白如雪，整体上釉色沉静素雅，即便是钧窑通过窑变形成丰富多彩的釉面，与唐代三彩的热烈相比也内敛许多。

早期中国青花所用的钴原料颜色较为暗淡，蓝白两色相配，较为素雅，不符合唐代陶瓷绚丽华美的审美喜好。宋代陶瓷又对微妙含蓄的单色釉、简练的造型、含蓄的凹凸纹装饰情有独钟，所以在唐宋时期，虽然也有青花，但一直不是陶瓷装饰的主流。景德镇窑采用了在瓷石中加高岭土的"二元配方"，使瓷器既能达到更高的白度和莹润的质感，又能烧制出较大而不变形的器物。同时，洁白的坯体也非常适合表现彩绘，为元代青花、釉里红以及明清其他彩绘装饰提供了很好的胎质。随着元代疆域的扩大，外域的上好青料输送进中国，青花料开始使用来自西域的上好钴料"苏麻离青"和"回青",青花的蓝色饱和度增加,在莹润的白色胎底上更显明艳。从民族文化来看,自称是"苍狼白鹿"后代的蒙古族统治者对蓝、白两色有着特别的偏好,所以以钴为色料的青花瓷从元代开始逐渐盛行。

青花瓷器发展到明代,已经成为景德镇陶瓷的主流产品,由于绘画所用钴料和绘画题材、笔法的不同,明代各时期青花瓷器各具特色,呈千姿百态之状。总之,不同的历史时期,陶瓷的生产和发展都具有自己的不可替代性和特殊性。无论是隋唐、宋代、元代还是明清,中国古代陶瓷始终在世界文明史上占有一席之地。

## 三、陶器和瓷器的区别

在原料方面,瓷器的重要原料是高岭土,这是一种白色或灰白色的黏性泥土,主要成分为硅酸铝,具有良好的绝缘、耐火、隔热等物理特性和化学稳定性。高岭土的质量与纯度对最终产品的品质有着至关重要的影响。传统陶瓷的主要原料为黏土、石英、长石,可按照各自性质和作用在胚体中加入不同的量。其中,黏土是主要的结合剂,可以把长石和石英等物料结合起来。中国陕西和青海的红黏土黏性更强,更适合烧制陶器。图6-3为中国新石器时代动物纹饰罐。

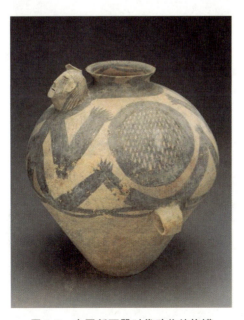

**图6-3 中国新石器时代动物纹饰罐**

在烧制成温方面，陶器和瓷器的要求是不同的。虽然它们都是用的同一种素烧（即作品表面不上釉，直接烧制）方式，但陶器的素烧温度通常是900℃到1000℃，而瓷器则是1100℃到1350℃。由此可见，在制作陶器的基础上再添火加温，陶器就变成了瓷器。有些瓷器则需要选择特定的高岭土为原料，因为如果采用普通的黏土为原料，在素烧温度高达至1200℃时，这些瓷器会被熔成玻璃质，而非瓷质。而且，选定原料后的过程也须极其精细，无论是淘洗、粉碎（粗粉碎和细粉碎）、搅水还是加入定量铁质，每一环节的操作都非常严谨。

陶器和瓷器的施釉也是不同的。所谓"釉"就是附在器皿表面的一层光滑亮泽的外壳。瓷器在烧制前会在胚体表面上釉。烧制温度达到一定程度的时候，釉料将被烧化并附着在胚体表面。这种釉通常被称为玻璃釉并且是防水的。陶器通常不上釉，或者仅上低温釉，其本质粗疏，用手指敲击表面，会发现其发出的声音比较"钝"，且普通陶器或多或少具有吸水性。而成功烧结的瓷器不会吸水，或者吸水率很低，敲打时会发出清脆的金属声音。图6-4为唐代邢窑白釉罐。

图6-4　唐代邢窑白釉罐

## 四、极简美学

宋代是传统制瓷工艺发展史上一个相当繁荣的时期。宋代瓷器以其古朴深沉、素雅简洁，同时千姿百态、各竞风流的形象为中国劳动人民在世界工艺发展史上立起一座让世人景仰的丰碑。下面简要介绍宋代瓷器所表现的极简美学。

## （一）宋代瓷器的文化之美

宋代陶瓷形成了一种颇具时代特征的审美文化，它们典雅含蓄、质朴内敛，极具东方文化之韵。这种审美特征的形成与当时的美学思想密不可分。宋代统治者极力推崇道教、传播道家学说，以起到稳定民心的作用。在宋朝统治阶级的影响下，劳动人民开始追捧、推崇道家思想，反对造型烦琐、颜色妖艳。道家所推崇的是"清静寡欲""自然无为""返璞归真""天人合一"的美学思想，社会对道家思想的推崇，必然会影响整个社会审美观和美学思想的转变。为了适应这种转变了的社会需要，生产者必然要生产与这种审美观念和需求相吻合的商品，这就注定宋代瓷器具有朴素、简洁、追求自然美和典雅美的造型风格。如宋代的定窑白釉印花缠枝牡丹莲花纹盘（见图6-5），整个盘子圆润、平滑、线条流畅、层次分明、造型简约优雅，内壁及盘底的印花装饰运用仿生手法，更加显得平淡、自然、典雅。①

图6-5 宋代定窑白釉印花缠枝牡丹莲花纹盘

宋代在政治上结束了五代十国的分裂割据局面，人们的生活得以安定，陶瓷手工业得到空前的发展。同时，"重文抑武"的思想贯穿整个宋朝，人们对文化的

---

① 宋代时期陶瓷的美学特征与美学意义[EB/OL]．（2022-09-19）[2023-11-23]．https：//www.sohu.com/a/586098150_120122882．

重视达到了前所未有的高度。由于斗茶文化的盛行，宋代十分重视瓷器之美，自然也就名窑辈出。宋代崇尚自然之韵，提倡"天人合一"的审美理念，讲究艺术取之于自然，具有高雅、严谨的审美情趣。人们将这种审美特征融入陶瓷生产中，宋瓷就成了宋代文化的典型代表。

### （二）宋代瓷器的器型之韵

#### 1. 器型的形态美

作品比例的和谐统一是使欣赏者感受到美的重要条件之一。比例构成了事物之间、事物整体与局部以及局部与局部之间的匀称关系。综观宋瓷各大窑系的作品，无不具有和谐、舒适的比例关系，变化中蕴含统一，统一中又富含微妙的变化，符合人们追求质朴与自然的审美情趣。

图6-6　宋代景德镇窑青白釉刻花梅瓶

梅瓶与玉壶春瓶是宋瓷器型的典型代表。两种器型变化的弧线柔和、匀称，具有和谐的对称关系。梅瓶的造型特点是小口、丰肩、短颈，瓶体修长，造型看似简单，实则为浑然相应的整体。图6-6为宋代景德镇窑青白釉刻花梅瓶，此瓶高26.6厘米，口径5厘米，足径8.5厘米。瓶小口出边，溜肩，肩下渐收，内圈足；通体施青白釉，腹部刻缠枝花卉。此梅瓶造型比宋代较为典型的修长形梅瓶略显粗短，所刻花纹在匀净的青白釉面上若隐若现，青白相映、素雅恬静。

玉壶春瓶的造型具有严格的对称性与均衡性，器型秀气却不失庄重，符合结构性原理，正可谓"少一分则弱，多一分则过"。宋代崇尚这种含蓄的造型与其推崇"韵"之美是分不开的。宋人范温说："韵者，美之极。"苏轼则强调奇趣发于平淡，认为这便是韵，便是美，并将这种美作为艺术作品的最高审美标准。由此不难看出，相比于唐代瓷器的华丽多姿，宋瓷更加注重审美的淡雅和余韵。图6-7为宋代黑釉刻花玉壶春瓶，该瓶高21厘米，口径6.5厘米，足径7.5厘米。瓶撇口、细颈，圆腹下垂，圈足。通体施黑釉，腹中部一周素胎无釉，其上刻画两组水波纹。

图6-7 宋代黑釉刻花玉壶春瓶

2. 器型的功能美

宋瓷器型不仅具有形态美，更具有功能美。在器型合乎比例的基础上，宋瓷将功能形态发挥到了极致。宋瓷当中壶的造型多种多样，但无论如何变化，都严格遵循体现功能美这一定律。如北宋时期景德镇窑青白釉刻花注壶注碗（见图6-8），注壶直口，有盖，盖顶置狮形纽，折肩，弯流，曲柄，圈足；肩部刻花缠枝牡丹。注碗葵瓣式口，碗体呈六瓣花形，圈足。注壶与注碗通体施青白釉。注壶、注碗组合成套，是温酒用具。温酒时将注壶置于注碗中，以碗中热水温之。该注壶注碗造型在转折变化之中富有韵律感，节奏清晰明快，但并没有降低其功能性，壶把与壶嘴角度符合人体比例和宋代人的使用习惯。注碗被壶面的弧线分成多个小面，在烧造过程中，若采用大面积的圆面直接烧制容易造成变形等，而分成多个小面则极大地提高了产品的烧制成功率，不会造成资源的过度浪费，这也符合当今时代我们提倡的可持续发展理念。

图6-8 宋代景德镇窑青白釉刻花注壶注碗

宋代制瓷工匠在造物过程中，将实用功能与审美价值紧密结合，创造了无数兼具功能美与形态美的瓷器。图6-9为宋代磁州窑白地黑花八方枕，高12厘米，枕面长32厘米，宽23厘米；底长31厘米，宽21.5厘米；外形美观且具有实用功能。八方枕是宋代人的日常用器，符合人们的生活习惯，其结构与人头部曲线相吻合，充分体现了器物为人服务的宗旨。

图6-9 宋代磁州窑白地黑花八方枕

3. 器型的自然美

宋代人崇尚自然，主张"身即山川而取之"，强调艺术创作对自然山水进行直接的审美观照。人们认为，自然界蕴含着通往宇宙无限性的"道"。宋代匠人为了使陶瓷被文人士大夫阶层接受，必然要使之与自然山水相契合。他们从自然中寻找灵感，将植物的仿生形态加以设计运用到瓷器的造型当中，创造了很多特色器型，比如瓜棱瓶（见图6-10）、葫芦瓶、橄榄瓶等。

图6-10　宋代汝窑瓜棱瓶

瓜棱瓶的腹部由凹凸的弧线构成瓜棱式的形体，瓶口做花瓣式外撇，整体造型秀丽灵巧，是宋瓷的常见器型之一。其造型与瓜棱相似，但并不是直接生搬硬套，而是在经过整体造型的设计考量之后，将瓜棱的造型与瓷器相结合，将自然美感与器皿的功能美感巧妙融合，体现了宋代人"取之自然""大美不言"的审美理念。瓜棱瓶造型是宋瓷的经典，更是宋瓷器型之韵的完美呈现。

### （三）宋代瓷器釉色、纹饰之韵

宋窑有官窑与民窑两大体系。发展到后期，一些民窑也具备了官窑的某些特征与技术，但从整体方向来看，两大体系具有截然不同的审美特征。宋代的官窑瓷器上面大多都是有裂痕的，其实这样的裂痕并非瑕疵，而是在烧制的过程中，特定的制作工艺导致的,其烧制工艺和普通工艺有一定区别。在宋代,官窑是一种瓷器的类型,然而,其中还有一种官窑,这种官窑是专为宫廷制造瓷器的。而且我们可以从制作工艺上很清楚地区分官窑和民窑,因为官窑大多都是做工非常精细的。

1. 官窑重釉色之美

宋代的官窑瓷器走出了实用主义的窠臼,更加注重瓷器的艺术性和观赏性。官窑瓷器在这一时期品种繁多,烧造工艺不断提升,符合文人士大夫的审美情趣,同时更加凸显宋瓷的美学价值。官窑瓷器在纹饰及釉色的运用上,形成了与民窑截然不同的风格。官窑瓷器主要供皇家以及文人士大夫阶层使用和欣赏,宋代"重文抑武"的思想以及"取之自然"的审美理念,使得官窑瓷器极具宋代文化的精髓——质朴而典雅。

宋瓷官窑多重釉色,釉料的配制方法得到了极大的改进,由原来较稀薄的石灰釉变为浓稠的石灰碱釉,釉面呈现一种乳浊的效果。汝窑在北宋时期成为盛极一时的官窑,进入了创烧"雨过天青云破处"的天青汝瓷的阶段,烧造工艺不断改良,汝瓷成为专供朝廷使用的御用瓷器。图6-11为宋汝窑天青釉圆洗,高3.3厘米,口径13厘米,足径8.9厘米。该洗为敞口,浅弧壁,圈足微外撇。胎呈香灰色。通体施淡天青色釉,釉色莹润。釉面开细碎片纹。外底有三个细小如芝麻粒状的支烧钉痕,并有镌刻的"乙"字。

**图6-11 宋代汝窑天青釉圆洗**

官窑时期的汝瓷,器表不见刻花或印花的装饰,以原本的釉色和器型为美,器表多布满开片的蟹爪纹，体现出"作诗无古今，唯造平淡难"的审美境界。由于崇尚釉色的质朴与自然之美，汝瓷在烧制时釉面会形成开片，制瓷工匠掌握了这个本是烧制缺陷的技艺特征，并加以创造和利用，提升了产品的形式自由度，在器型不变的基础上，极大地丰富了官窑器的美感，开片也成为宋瓷的一大特色，与其简洁圆润的造型浑然一体，符合节奏与比例关系的形式美法则。图6-12为宋代哥窑青釉菊瓣式盘。盘通体为14瓣菊花形，弧腹，圈足。内、外及圈足内均施灰青色釉，釉面被"金丝铁线"般开片纹分割。足底无釉，露出黑色胎骨。这件菊瓣式盘造型规整，青灰色釉素裹、交织如网的开片纹妙趣天成，堪称古陶瓷模仿花朵造型的典范。

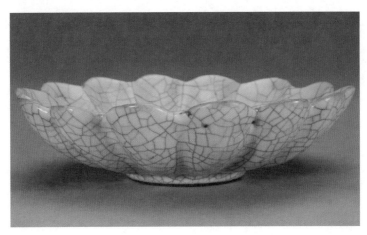

**图6-12　宋代哥窑青釉菊瓣式盘**

宋瓷官窑在釉色的运用上以青色为主，追求如玉的质感。哪怕是以窑变釉为主的钧窑官用瓷器也是以天青、月白等素雅的颜色为底釉的。由于原料中有铜元素，经过还原焰烧呈现绿色或紫红斑，打破了青瓷的单调形式，形成了灿若晚霞的窑变之美。这种紫红色并未示人以艳丽之感，而是给人带来庄重、典雅、和谐的整体审美感受。图6-13为宋代钧窑玫瑰紫釉菱花式花盆。此盆为菱花式，以近于直的微曲廓线构成丰润端正的形体，以凹凸变化的曲线勾勒出菱花形的盆沿和足边，腹部

**图6-13　宋代钧窑玫瑰紫釉菱花式花盆**

的棱线与菱花式口沿、足边相呼应，和谐美观，是造型设计中实用与美观融合一体的典型。钧窑釉色之美，恰似蔚蓝天空中涌现一片绚丽的红霞，给人以变幻无穷的美感。这美感在于釉色凝练含蓄、浓厚质朴。釉色以蛋白石光泽的青釉为基调，兼具宝光内蕴不透明的乳光状态和绚丽多姿的窑变现象。美丽的釉色同具有微弱透光性的乳光状态结合在一起，赋予钧瓷一种莹润幽雅、美丽含蓄的光泽。总之，无论是秀丽素雅的汝瓷，还是绚丽多变的钧瓷，宋瓷官用瓷器的整体风格是质朴的，釉色多围绕青色做变化，风格浑然一体，是极具审美价值的瓷器典范。

2. 民窑重纹饰之美

宋代陶瓷生产的情况可总结为"官窑确立、民窑林立"。虽然官窑瓷器精美出众，但民窑烧造范围广、影响较大，被广大百姓接受。民窑瓷器从另一个侧面体现了民间生活的精神面貌，是宋瓷的重要组成部分。民窑瓷器的艺术风格集中体现了广大市民阶层和劳动者的审美情趣，对我国陶瓷艺术的发展产生了深远的影响。

瓷业在宋代手工业经济中占有重要的地位，市场竞争十分激烈。瓷器作为"天下无贵贱通用之"的生活必需品，需求量与生产量显著提升，这也使民间陶瓷业得到了蓬勃发展。民间陶瓷的装饰题材大多来源于人们的日常生活，源自人们对美好事物的体验与感悟，既展现了自然界的美好景象，也展现了社会中的风土人情，表现了宋代人对美好生活的向往。这种装饰题材不带有功利性，是作为人们对美的追求与领悟而存在的，最终目的是满足人们的审美需求。

宋瓷中民用瓷的装饰手法十分丰富，按装饰方式可分为胎装饰、釉装饰、彩绘装饰、书法装饰，同时又有刻、印、划、戳、剔、贴塑、镂雕等技法。这些技法或单独使用，或几种结合使用，充分体现了陶瓷的装饰美与实用美。

宋瓷的纹饰极其多样，花卉是主要装饰内容之一，鱼、龙、凤、鹤、麒麟、花鸟、婴戏等也是常见的题材。随着制瓷工艺的不断改进、技法的不断提升，宋代民窑瓷器的纹饰与器物形体构成了和谐统一的整体。图6-14为宋代景德镇窑青白釉双鱼碗，高5.9厘米，口径18厘米，足径6.8厘米。此器造型规整，胎体轻薄，釉色光润。盘心所刻画的两条小鱼在青色的釉面衬托下仿佛在清澈的湖水中游弋嬉戏，形态自然逼真，艺术感染力极强。

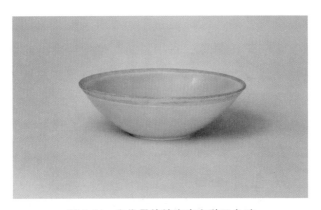

图 6-14　宋代景德镇窑青白釉双鱼碗

其中，北方磁州窑瓷器的纹饰主题突出、构图完整，具有自由奔放的特色，与官窑瓷器形成了鲜明的对比。磁州窑瓷器主要运用白色化妆土技术，即将不洁的瓷胎上挂一层白色的化妆土，然后施一层透明釉，之后一次烧制而成，成为洁白而富有质感的化妆白瓷，最后赋予白瓷刻花、剔花、珍珠地、梳篦、跳刀、白地黑剔、黑地白剔等多种装饰技法。图6-15为宋代定窑白釉刻花花卉纹梅瓶，高37.1厘米，口径4.7厘米，足径7.8厘米。此瓶造型挺拔，是宋代定窑梅瓶的标准式样，使用时应配有木座；釉质滋润，刻花清晰婉转，深浅不一，特别是所刻莲花，简洁典雅，线条流畅，不拘于统一的规格，可以看出是在短时间内完成的，充分展现了制瓷工匠的高超技艺，产品形式的自由度得到充分发挥。

图 6-15　宋代定窑白釉刻花花卉纹梅瓶

婴戏纹是南北瓷窑均爱用的纹饰之一，瓷器中描绘儿童日常生活、嬉戏玩耍的画面很多，活泼生动、笔法简练，只用寥寥几笔便展现出儿童栩栩如生的神情面貌，具有浓厚的生活气息与情趣。图6-16为宋代磁州窑白地黑花婴戏纹枕，高10.4厘米，长29.9厘米，宽22.5厘米。枕面主题纹饰笔画简练，描写两个婴孩玩耍，其中一婴孩因头上落一只小鸟而惊愕不已，另一婴孩非常兴奋，欲上前捕捉小鸟，生活气息非常浓厚。

图6-16　宋代磁州窑白地黑花婴戏纹枕

民窑喜用纹饰来装饰瓷器，主要原因或许是民间制瓷原料受到一定的限制，上好的瓷泥价格昂贵，只能供官窑使用。为弥补制瓷原料的缺陷、满足人们的审美需求，制瓷工匠便充分发挥自身能动性，形成了民窑自由洒脱的制瓷风格。

归结起来，宋瓷从以下三方面将"道器合一"的观念融入创作中，从而体现其文化艺术价值。

第一，宋瓷在器型上具有形式美、功能美、自然美的特点，造型和谐统一，富有韵律感，是"天人合一"审美理念的集中体现。起伏平缓却变化微妙的造型，符合形式美与功能美法则，为宋瓷的进一步发展打下了良好的基础，展现了宋瓷文化的审美价值。图6-17的宋代龙泉窑青釉弦纹三足炉炉口沿较宽，高9.3厘米，口径14.5厘米，足径5.5厘米，足距7.9厘米；直壁，圈足，足下承三个云头形足，三足与圈足在同一平面；器身凸起弦纹四道，上下各一道，中间两道；通体施梅子青釉，圈足端无釉，外底粘有窑渣。造型古朴大方，以釉色取胜，梅子青釉胜于一般青釉，可与翡翠媲美，尤为难得。

图6-17　宋代龙泉窑青釉弦纹三足炉

第二，宋瓷官窑与民窑两大体系对瓷器的审美侧重点不同，官窑重釉色，充分体现了"取之自然"的审美情趣；民窑重纹饰，制瓷工匠技法高超。两大瓷窑体系相辅相成，均是宋瓷文化的重要组成部分。

第三，宋代各个瓷窑之间竞争激烈，最终结果是名窑林立。宋瓷具备高远的审美境界，既温润淡雅又恣意洒脱，是我国古代陶瓷发展的鼎盛时期。瓷业文化可以说是宋代社会面貌与审美情趣的集中体现，开辟了陶瓷美学的新境界。

## 五、陶瓷之美

早在中华文明起源之初的新石器时代，华夏祖先就学会了烧造陶器、使用陶器。在中华五千年灿烂文明的长河之中，陶瓷文化是最为耀眼、最具中国特色的代表。时至今日，中国仍以"瓷"闻名于世。陶瓷不仅是精美的工艺品，还具有丰富的文化内涵。

中国人历来喜爱使用陶瓷制品，从最普通的日常用具到精美的艺术珍品，不管处于社会哪个阶层的人们，在生活当中都是离不开陶瓷的。陶瓷已经作为民族的经典符号融入中华文化。

在多个历史时期，陶瓷都扮演过中华文化的使者这一角色，并以其独特的魅力，获得世界上各国人民的喜爱。因此，在学习鉴赏中国陶瓷类艺术品时，我们需要多了解中国各个时期的陶瓷知识和其中蕴含的文化内涵与精神。

远古的中国，就有"神农作瓦器""黄帝以宁封子为陶正""舜陶于河滨"的文献记载与传说。可以说，陶器的出现既是陶瓷发展史的开端，也是中华文明进步的重要里程碑。

原始陶器出现得较早，其距今有9000~10000年。新石器时期，制陶有泥条盘筑法、捏塑法与贴敷法等成型方法，器物种类少，器型简单，陶质疏松，很少装饰，多为红陶。新石器晚期的陶器，在我国福建、广东、广西、贵州、云南以及新疆、西藏等地区皆有出土，具有鲜明的地方和民族文化特点。

夏代陶器则以偃师二里头文化为代表，有炊器、饮食器、盛储器等类型，造型类似于青铜器，并饰以龙纹或兽面纹，而器表装饰最多的是弦、方格、回字、云雷、涡旋、叶脉、圆圈、人字等纹饰。陶器仍以砂质和泥质灰陶为多，基本都是轮制成型，兼有一些模制与手制。

商代中期陶器以郑州二里岗遗址最为典型，陶器的器类明显增多，工艺大幅提高，制作精致，绳纹、饕餮纹的数量最多。以安阳殷墟为中心，陶器遍及周边十多个省份，制陶技艺与文化的存在地域明显扩大。器表以印痕较浅的绳纹为主，种类以白泥陶为主。

总体来看，较之夏代，商代陶器的较大变化是以卷口沿为主，器底以平底或袋足为主。

最值得一说的，便是秦代了。秦代历史虽短，却使制陶业进入了全新阶段。秦始皇陵兵马俑（见图6-18）堪称世界奇观，大小近于真人真马的人、马陶俑，体形高大，比例精确，技艺精湛。兵马俑多用模塑结合的方法制成，即先用陶模做出初胎，再覆盖一层细泥进行加工刻画加彩，有的是先烧后结，有的是先结再烧，火候均匀、色泽单纯、硬度很高。

在汉代，随着全国大一统局面的形成，各地日用陶器和随葬陶器的品种与形制逐渐趋同。随葬陶器的数量和品种也大大超过以往各代。尤其是汉代烧陶吸收了原始瓷上釉工艺，创烧出以铜为呈色剂的低温绿釉陶器。至东汉，又发明了黄、褐色低温铅釉。汉代陶器中当数说唱俑、乐舞俑、杂技俑等最富特色。

隋唐是我国封建社会经济、文化突出发展的时期。陶瓷发展到隋唐，也进入一个繁荣成长的阶段。实际上,早在唐代,就已经出现了以蓝色釉料为装饰的陶瓷器物,唐代钴蓝装饰器物如唐三彩蓝釉器以及唐青花、蓝彩的出现证明了唐代已经掌握了钴蓝技术,此技术开创了中国青花陶瓷的历史。

图6-18　秦始皇陵兵马俑

唐三彩和彩绘陶俑更是名扬四海。唐三彩是一种低温铅釉陶器,因经常使用黄、绿、褐三种色彩而得名,一般作为陪葬品,分为器皿、人物、动物,是我国古代陶器工艺的精品。

宋、金、元时期,由于制瓷技艺的发展,制陶业大幅锐减,但精工细雕之作和新工艺创新达到相当高的水平。到了明清时期,名陶以宜兴、石湾窑为代表,最大特点是以文人审美趣味和诗、书、画、印为内涵,提高了制陶的艺术水平。

中国陶器发展历经数千年,出现过彩陶、秦俑、唐三彩、紫砂壶等许多巅峰辉煌的时刻,迸发出独特而灿烂的文化艺术光彩。

不同的工艺与我国陶瓷丰富的产量、多彩的审美特色相对应,在陶瓷工艺品诸多审美要素中,材料、器型、釉色、装饰、色彩、款识之中积淀了中国陶瓷最具代表性的审美特征。

这就不得不提到古陶瓷艺术的以下特色。

第一，材质之美。陶瓷的胎土材质有精有粗，由于原材料和烧制温度的限制，一般陶器胎质较软，吸水透气性强，而瓷器胎体则坚实致密，轻叩敲击可发出清脆悦耳的金石之声。即使是质地较为粗糙的陶器，古代工匠也努力使其呈现泥土自然的材质之美。从粗制的彩陶到精美的瓷器，陶瓷器皿的材质逐步实现质地细腻、莹白洁净，给鉴赏者以赏心悦目的艺术感受。

第二，器型之美。中国古代陶瓷的造型符合传统思想的"阴阳合一""五行和谐""中庸平衡"等哲学观或宇宙观。陶瓷的产生源于人们日常生活的需要，器型以实用便利为主，大多器型为对称形态，即使带有嘴、耳、把手等器物配件或其上附着装饰纹样，也力求达到一种均衡协调的效果。中国陶瓷在数千年的发展过程中，承载着丰富的文化内涵与先民的创新智慧。

第三，釉色之美。釉色的美感主要体现为光泽之美、清澈之美、凝厚之美、色彩之美、莹润之美等。釉色审美趣味最浓厚的当属宋代人，他们赋予瓷器美好而生动的名称。例如，将哥窑称为"金丝铁线"，将汝窑称为"雨过天青"，将龙泉窑称为"梅子青"，将定窑称为"象牙白"……这些美称体现了当时宋代人对陶瓷的喜爱以及对釉色呈现的自然之美的极高评价。

第四，装饰之美。古代工匠不仅很早就认识到雕、堆、贴、塑、模等是造型装饰的美，也认识到印、镂、剔、划、刻、漏、洒等是技法装饰的美，更认识到点、线、彩、描、染等是书画装饰的美。中国陶瓷上的大量书画纹饰，直接受到中国诗、书、画、印的影响，陶瓷绘画在吸收国画技法的同时，还受到陶瓷独特材质的影响，工笔技法与陶瓷制造工艺相适应，且陶瓷的稳定性保证了画面色彩的历久弥新。彩绘瓷器艳而不俗，讲究装饰图案雅致吉祥的寓意，与匀称的器型相配合，反映出古代工匠高超的绘画装饰技艺。

第五，款识之美。人名款所书姓名字号多为制器的工匠，其中一些自家堂号还蕴含人们美好的祈愿与精神理念。吉语款就是把吉祥之语作为款识的内容，表达赞颂与祝福。款识本身在设计与书写时具有独特的形式感，具有很高的审美趣味与价值。从内容上来看，款识丰富的历史文化内涵与辨识作用更是中国陶瓷特有的审美内容之一。有时一些民窑还喜欢把独特的纹样图案作为款识来标记自己的产品。

【思考与练习】

1. 你认为陶瓷艺术在中国文化中有什么重要的地位？它是如何影响中国文化的？

2. 你是否参观过陶瓷博物馆或陶瓷艺术展览？如果参观过，请描述你的体验和感受。

3. 在你看来，我们应当如何保护和传承陶瓷这一传统工艺？

陶瓷之美：巧夺天工

# Chapter 7
# 第七章

## 声乐之美：天籁之音

　　声乐作为一门古老而迷人的艺术形式，通过人的嗓音传达一种独特的音乐美和情感力量。声乐的美学价值和艺术魅力一直以来备受声乐研究者和音乐爱好者关注。本章旨在探讨声乐之美以及声乐在情感表达和社会意义方面的重要性，深入剖析声乐艺术的独特魅力，并通过讲述豫章师范学院著名校友喻宜萱的事例，展示声乐对个人和社会的深远影响。

## 一、背景介绍

　　随着人类社会的进步和发展，艺术在人们生活中的地位日益重要。作为一种独特的艺术形式，声乐通过人声的表达和演绎，传达音乐的神奇力量和情感的丰富内涵。自古以来，声乐一直在不同文化和时代中占据着重要地位，它打破了国界和语言的界限，能够触动人心、打动灵魂。

## 二、声乐的定义和特点

### （一）声乐的概念和范畴

　　声乐是一种通过人声演唱来表达音乐的艺术形式。它利用人类的发音器官，通过对发声、共鸣和音调的控制，将音乐元素融入声音，传达丰富的情感和意义。声乐是音乐领域的一个重要分支，其与器乐相对应，是人类社会最早形成的音乐形式之一。

### （二）声乐的基本要素

　　声乐的基本要素包括声音、音调、节奏、语言和表达。其中，声音是声乐的基础，它通过人声发出，具有音色、音量和音质等特点；音调是声乐的核心要素，它决定了声乐演唱中的音高和音准；节奏是声乐的重要组成部分，它使声乐演唱具有节奏感和韵律感，使音乐有规律地流动；语言是声乐的表达媒介，通过不同的语言和发音方式，传达歌曲的词义和情感；表达是声乐的关键，艺术家通过声音的变化、情感的表达和形象的塑造，将音乐和歌词完美地结合，打动听众。

### （三）声乐的艺术特点和表现形式

声乐作为一种独特的艺术形式，具有以下艺术特点和表现形式。首先，声乐具有表达情感的能力。通过声音的变化、音乐的运用和歌词的诠释，声乐艺术家能够准确地表达复杂的情感，唤起听众的共鸣和共同体验。其次，声乐具有声音的多样性和表现力。声乐艺术家通过发声技巧、音色的运用和音乐的塑造，实现丰富多彩的声音效果，使音乐更加生动鲜明。最后，声乐具有艺术创新的潜力。声乐艺术家通过对传统唱法和演唱方式的探索和创新，为声乐艺术注入新的活力和风格，丰富了声乐的表现形式和审美体验。

总之，声乐是一种通过人声演唱来表达音乐的艺术形式。它具有丰富的艺术特点和表现形式，包括声音、音调、节奏、语言和表达等基本要素。声乐通过情感的表达、声音的多样性和艺术创新，打动人心、传递情感，具有独特的艺术魅力和影响力。

## 三、声乐的历史发展

### （一）西方声乐的历史发展

西方声乐的发展历程可以追溯到古希腊和古罗马时期。在古希腊时期，音乐被认为是一种与神灵产生联系的力量，并与戏剧紧密结合。古希腊著名的哲学家亚里士多德和柏拉图都对声乐进行了系统的研究和表达。

中世纪是西方声乐发展的一个重要时期。教会音乐在这个时代扮演着重要的角色，而且宗教文化的影响使得声乐被广泛应用于教堂礼拜和宗教仪式。著名的音乐学家格雷戈里一世在这个时期创立了格雷戈里圣咏。

文艺复兴时期是西方声乐发展的关键时期。这一时期人们开始重视声乐的表达力和个人创作的重要性。著名的作曲家如蒙特威尔第、希金斯和伊塔利亚尼等人对声乐技巧进行了探索和创新，丰富了声乐的表现形式。

巴洛克时期是声乐发展的重要阶段。在这个时期，歌剧成为一种流行的艺术形式，德国、意大利和法国成为歌剧的中心。著名的作曲家如莫扎特、贝多芬和威尔第等人推动了声乐作品的创作和演唱技巧的发展。

19世纪是浪漫主义时期，这一时期声乐发展迈向一个新阶段。歌剧继续在欧洲各地风靡，作曲家如瓦格纳、普契尼和斯特拉文斯基等人进一步拓展了声乐技巧和表达方式。

20世纪以来，声乐进一步创新和发展。新的音乐风格和声乐技巧不断涌现，如爵士乐、摇滚乐和流行音乐等。现代声乐训练也更加注重科学性和系统性，借鉴了许多声乐传统和方法。

### （二）国内声乐的历史发展

中国声乐历史可以追溯到古代。声乐经过漫长的发展历程，形成了独特而丰富的艺术形式。中国声乐历史主要可以分为以下几个发展阶段。

1. 古代声乐

我国古代声乐艺术可以追溯到商周时期，当时的声乐主要是用于祭祀仪式的音乐和宫廷音乐。汉代以后，随着戏曲艺术的兴起，古代声乐逐渐与戏曲相结合，形成了独特的唱腔风格。

2. 文人声乐

唐宋时期，文人雅士开始对声乐进行研究和创作，出现了大量诗词曲调。文人声乐注重以文学作品为基础，追求音乐与词意的融合，形成了高雅而婉约的风格。

3. 京剧声乐

明清时期，京剧成为中国最著名的戏曲剧种之一，并形成一种流派。京剧声乐注重唱腔的表达和技巧的展示，艺术家通过喉音、音调、音色等手法，将戏曲剧情和角色的性格特点表现得淋漓尽致。

### 4.歌剧声乐

20世纪初，西方歌剧传入中国，对中国声乐的发展产生了深远影响。中国的歌剧声乐开始借鉴西方的唱腔技巧和表演方式，逐渐形成了以歌唱为主导的现代声乐艺术。

### 5.民族声乐

中国是一个多民族的国家，许多民族都有独特的声乐传统，例如蒙古族的长调、藏族的颂歌、苗族的花喉等。这些民族声乐以其独特的音乐元素和表演方式，丰富了中国声乐的艺术内涵。

### 6.现代声乐

随着社会的不断发展和时代的变迁，中国声乐在20世纪后期迎来了新的发展机遇，呈现多样化的特点和趋势。声乐艺术家注重个人风格和独特表达，致力于将声乐与现代音乐风格和表现形式相结合。同时，声乐教育也更加注重培养学生的全面能力，不仅关注声乐技巧的训练，还注重艺术表达能力、音乐理解和舞台表演等的培养。

在这一发展过程中，豫章师范学院著名校友喻宜萱是杰出的代表之一。喻宜萱不仅是一位杰出的女高音歌唱家，也是声乐教育家。她注重恰切表现不同作品的艺术风格，擅长演唱现代创作歌曲和民间歌曲。她致力于建立具有中国特色的声乐教学体系，培养了一代又一代声乐人才，并在学术著作方面做出了突出的贡献。她的努力使得声乐这种艺术形式在中国得到了更广泛的认可和发展。

2023年11月25日上午，豫章师范学院校领导一行赴京参加喻宜萱先生生前物品捐赠仪式（见图7-1）。为了表示对喻宜萱先生的崇高敬意和尊重，豫章师范学院特将音乐舞蹈学院教学大楼命名为"宜萱楼"，建立了喻宜萱纪念馆，筑造了先生的汉白玉雕像，并成立了宜萱艺术研究中心。喻宜萱纪念馆是全国首个以声乐教育家名字命名的纪念馆。这是我国声乐界的历史性事件，对于声乐艺术的发展以及推动对中国老一辈声乐家的研究具有重大的意义。

图7-1　喻宜萱先生生前物品捐赠

### (三) 中西方声乐艺术的差异

声乐艺术是世界各地文化的重要组成部分，中西方声乐艺术在不同的历史背景和文化传统下形成了各具特色的发展路径。

首先，中西方声乐艺术的历史演变有不同的发展轨迹。中国声乐艺术起源于古代中国，受到儒家思想的影响，强调内敛、含蓄的表达方式。而西方声乐艺术起源于古希腊和罗马，受到其基督教文化的影响，强调个人表达和情感宣泄。

其次，中西方声乐技术在技巧特点上存在明显差异。中国声乐注重气息控制、喉咙共鸣和发声位置的调整，强调气势和音色，追求音质的柔美和韵味的独特。而西方声乐则注重发声技巧的训练，追求声音的纯净、稳定和力量感。

最后，中西方声乐艺术的音乐风格也有明显的差异。中国声乐以民族音乐和宫廷音乐为主要风格，强调情感表达和旋律的优美或注重音乐的庄重和礼仪性。西方声乐则以古典音乐为主要风格，追求音乐的结构和声音的美感，强调声乐与乐器的协调和融合。

## 四、声乐对情感表达的影响

1. 声乐和情感的关系

声乐作为一种表达形式，与情感具有密切的联系。人的声音具有独特的情感表达能力，可以通过音色、音调、节奏和表演等传递情感。声乐艺术家通过技巧的运用和个人的表现力，将情感融于演唱之中，使听众能够深刻地感受到音乐所传达的情感。

2. 声乐对听众情绪的引导作用

声乐对听众情绪具有引导作用。一首动人的歌曲能够以其旋律、歌词和演唱方式，引发听众的情感共鸣。声乐艺术家能够通过音乐的情感表达和舞台表演的技巧，激发听众的情绪体验，引发共鸣和情感的交流。无论是喜悦、悲伤，还是挣扎、希望，声乐都能够引导听众进入相应的情绪状态，让人们与音乐产生共情的连接。

3. 声乐在表达复杂情感方面的独特能力

声乐具有独特的能力来表达复杂的情感。人类的情感是多样而复杂的，而声乐通过声音的变化和表演的技巧，能够更加准确地传达复杂情感的细微差别。声乐艺术家可以通过音色的柔和或明亮、音调的高低变化、节奏的快慢以及表演的动作和表情等手段，表现出喜怒哀乐等各种情感的层次和细节。这种独特的能力使声乐成为一种特别适合表达人类情感的艺术形式。

通过声乐的情感表达，人们可以释放内心的情感，共享情感体验。声乐艺术家的演唱和表演将情感的核心传递给听众，引发情感的共振。在这个过程中，声乐扮演着重要的角色，通过其独特的情感表达能力和对听众情绪的引导作用，丰富了人们的情感体验，并在情感交流和文化传承方面发挥着重要的作用。

## 五、声乐的艺术形式和风格

声乐的艺术形式和风格是声乐之美的重要组成部分，不同的形式和风格展现了丰富多样的艺术特点和表现方式。以下对几种主要的声乐艺术形式和风格进行介绍。

### （一）歌剧

歌剧是声乐的一种重要形式，它将音乐、戏剧和舞台表演相结合。歌剧通常由歌唱、对话和音乐伴奏三部分组成，以丰富的音乐和剧情讲述故事。歌剧在表达情感和人物性格方面具有强大的表现力，歌唱者通过对音乐和角色的演绎，深刻地揭示人物内心的喜怒哀乐，拨动观众的心弦。著名的歌剧作品如《弄臣》《茶花女》《图兰朵》（见图7-2）等，都凭借深刻的情感表达和音乐美感成为经典。

图 7-2　国家大剧院歌剧《图兰朵》

### （二）艺术歌曲

艺术歌曲是一种以音乐艺术为核心的独立音乐形式（见图7-3），其通过音乐线条、节奏和框架的配合，将歌词所体现的精神、思想、情感和意境进行再现，强调歌词与音乐的完美结合。艺术歌曲通常用高雅的诗歌作为歌词，通过歌唱者的表演和音乐的编排，展现深刻的情感和思想内涵。在艺术歌曲的创作中，戏剧性是一直存在的，表现了特定环境下人物的情感起伏、悲喜交加，体现了人物情感的丰富性与复杂性。艺术歌曲的演唱强调情感的细腻表达和音乐性的完美结合，要求歌唱者具有高超的声乐技巧和表现力。这种艺术形式在声乐教育和演唱会上尤其受欢迎，成为培养优秀声乐家和传递高雅艺术的重要方式。

图7-3 艺术歌曲

### （三）民歌

民歌是表现民族风情和民间生活的一种声乐形式（见图7-4），它承载着民族的文化传统和历史记忆。民歌通常以朴实的音乐和情感表达为特点，歌词表现人民生活的喜怒哀乐，反映不同地域和民族的风土人情。民歌的演唱强调自然和真挚，歌唱者需要具备贴近生活、情感真实的表现方式，让听众感受到淳朴的乡村情怀和民族精神。

图7-4 民歌的演唱

### (四)流行歌曲

流行歌曲是在当代社会广泛传播并深受听众喜爱的一种声乐形式(见图7-5)。它以简单易懂的歌词和朗朗上口的旋律为特点,通常用于流行音乐、流行乐队演唱和商业录音等。流行歌曲在表达情感和社会热点方面具有强大的吸引力,它通过简单直接的方式传达情感和思想,成为大众娱乐和文化消费的重要组成部分。

图7-5 流行音乐

不同的声乐艺术形式和风格代表着不同历史背景和社会风貌,它们在文化传承和发展中发挥着重要的作用。声乐之美不仅是一种艺术形式,也是一种文化表达方式。声乐通过不同的艺术形式和风格,反映不同文化和历史背景下的社会风貌和人民生活,呈现丰富多彩的声乐之美。因此,在声乐的传承和发展中,我们应尊重不同的艺术形式和风格,并继续挖掘和创新,使声乐之美在当代社会中绽放更加灿烂的光芒。

## 六、声乐的技巧和训练方法

### (一)声乐训练的基本原则

声乐训练就是通过科学系统的方法,培养和发展歌唱者的声音、表现力和艺术性。以下是声乐训练的一些基本原则。

1. 健康和保护

正确的呼吸方法是保护声带和喉咙的基础，在声乐训练中，我们应采用腹式呼吸法，即通过膈肌的收缩和放松来控制呼吸，这样可以减少喉咙的负担，避免声带损伤。正确的发声技巧是保护喉咙的关键，在声乐训练中，我们要注重声音的共鸣和放松。共鸣是指声音在喉咙、口腔和鼻腔中的共鸣；放松是保持喉咙的放松，不要用力挤压声带。此外，日常的喉咙护理也是保护喉咙和声带的重要环节。我们在平时要注意保持喉咙的湿润，避免长时间大喊大叫或者过度用嗓。

2. 注重基本功训练

声乐训练的基础是基本功训练，包括呼吸控制、发声技巧、音域拓展、声音投射等方面。在呼吸控制方面，呼吸是声乐的基础，正确的呼吸技巧能够提供充足的气息支持，保持声音的稳定性和持久性。在发声技巧方面，发声技巧涉及共鸣、喉咙的开放与放松、咬字清晰等，训练正确的发声技巧可以使声音富有表现力。在音域拓展方面，音域是声乐的一个重要指标，通过训练和练习，可以逐渐拓展歌唱者的音域范围，使其能够更加灵活地演唱不同音高的音符。在声音投射方面，涉及声音的聚焦和投射，目的是让声音传达更大的空间，产生更好的听觉效果和舞台表现力。

3. 注重个性发展

声乐训练应注重个体差异和个人特点的发展，尊重每个歌唱者的声音特色和艺术表达方式。在实际生活中，每一个歌唱者的声音都是独一无二的，这种个性化的声音可以通过声乐训练得到更好的发掘和修正；同时，每个歌唱者的感受和表达需求不同，训练取得的效果也不相同，所以在声乐训练中要有计划、有目的，因人而异，将技能训练和理论知识相结合，根据个人的实际情况进行训练强度和重点的调整。

4. 长期持续性

在声乐训练中，持续性训练和反复练习是非常必要的。通过保持正确的、整体的、得力的、平衡的、稳定的、省力的状态进行反复练习，直到形成自然而然的习惯，培养出稳定的声音技巧和艺术表现能力，才算是真正练成了声乐技巧。

## （二）声乐训练中的常见问题和解决方法

在声乐训练过程中，常见的问题包括音准不稳、音色不纯、咬字不清等。针对这些问题，主要有以下解决方法。

1. 强化基本功训练

通过加强呼吸控制、发声技巧、音域拓展等方面基本功的训练，提高声乐技巧的稳定性和准确性。

2. 注重发声调整

针对音色不纯和音准不稳等问题，通过发声调整的训练，使声音更加清晰、准确和纯净。

3. 咬字训练

针对咬字不清等问题，可以通过专门的咬字训练，提高咬字的准确性和清晰度，使歌词更加明确和易于理解。

4. 听觉训练

通过听觉训练，提高对音高、音准和音色的敏感度，以更好地掌握音乐的细节和表现要求。

# 七、声乐的美学价值和社会意义

## （一）声乐的审美特点和艺术价值

声乐作为一种表达艺术形式，具有独特的审美特点和艺术价值。

首先，声音的美感是声乐的核心特征之一。歌唱者通过巧妙运用发声技巧，产生优美、动听且富有感染力的声音。这种声音的美感来自丰富与独特的音色、广阔的音域、精确的音准等，使得声乐作品能够引起听众的情感共鸣和美感体验。

其次，声乐在语言和情感表达方面具有独特的能力。通过歌词的表达，声乐能够将音乐与文字结合，使得情感和思想更直接地传达听众。歌唱者通过声音的表现力和音乐的编排，深刻地感受和传递歌曲所表达的情感和意义。这种情感和意义的精准表达能力使得声乐成为一种特别接近人类情感内核的艺术形式，能够打动人心、引发共鸣，甚至在特定情境下起到情绪抒发和情感治疗的作用。

最后，声乐的舞台表演和艺术交流也赋予其独特的价值。声乐通常与舞台表演相结合，歌唱者通过舞台上的动作、姿态和表情等，增强音乐表演的艺术效果。这种艺术表演形式能够深刻地感染观众，引发观众对音乐和表演的情感共鸣。声乐作为一种艺术交流的方式，能够在观众和演唱者之间建立情感联系，营造独特的艺术氛围。在演唱会或音乐会现场，歌唱者和观众之间的情感交流和互动，形成了一种独特的共同体验和艺术共鸣氛围。

### （二）声乐在文化传承中的地位

声乐在文化传承中扮演着重要的角色，其价值不仅在于保护传统，更在于为当代社会注入新的艺术生命。

首先，声乐承载着民族和地域的文化传统。通过声乐的演唱和传承，民族音乐得以流传，丰富了文化遗产的内容。例如，在中国，许多经典的民歌、戏曲、古典音乐等都以声乐的形式传承，成为民族文化的瑰宝，展现着中华文化的博大精深。

其次，声乐在文学和诗歌的演绎方面也发挥着重要的作用。声乐通过演绎经典文学作品中的诗歌，将文学作品的艺术内涵传达观众。歌唱者通过声音和情感表达，赋予文字更深远的意义和感染力。这种跨越时空和艺术形式的表达，使得经典文学作品得以持久传承，并深受观众喜爱。

最后，声乐作为一种跨文化的艺术形式，能够促进不同文化之间的交流和对话。通过声乐的表演，不同国家和地区的音乐文化得以交流。在全球化背景下，声乐成为一种重要的文化交流媒介。例如，有人将西方的歌剧或艺术歌曲与东方的民族歌曲或戏曲结合，创造出新的音乐形式和表现方式，丰富了世界音乐的多样性，提升了世界音乐的魅力。

### （三）声乐对个人成长和社会发展的影响

声乐对个人成长和社会发展都有积极的影响，这使得它成为重要的艺术学科和教育内容。

在个人成长方面,首先,声乐的训练培养了个人的音乐素养、审美能力和表达能力。通过声乐的学习和训练,个人能够发展艺术才华,提高自信心和自我表达能力。许多声乐学生在学习声乐的过程中,逐渐建立起对美的追求,培养了对艺术的热爱情感,这对其个人成长和自我认知具有深远的影响。其次,声乐能够培养个人对美的感知和理解能力,提升个人审美能力。通过对音乐的欣赏和演唱,个人的情感和情绪得到宣泄和升华,对美的追求和表达能力得到培养。在音乐教育中,声乐通常是学生最早接触和学习的一门音乐形式,它能够为学生打开审美之窗,启迪他们对美的感知和理解。

在社会发展方面,声乐作为一种艺术形式,能够促进社会和谐与文化发展。声乐的表演和欣赏成为社会活动的重要组成部分,各类音乐会、演唱会等文化活动吸引着大量观众参与。声乐作为文化交流的桥梁,能够加强社会的凝聚力和文化的多样性,推动社会的进步和发展。许多音乐家和歌唱家在跨国合作中,通过声乐的演唱和交流,增进了不同国家人民之间的了解和友谊、信任与合作。

综上所述,声乐具有独特的审美特点和艺术价值,音乐的美感、情感表达和舞台表演使得声乐成为一种深受人们喜爱的艺术形式。声乐在文化传承中承载着民族和地域的文化传统,也为当代社会注入了新的艺术生命。同时,声乐对个人成长和社会发展具有积极的影响,培养了个人的艺术素养和审美情操,促进了社会的和谐与文化的发展。因此,声乐的美学价值和社会意义不容忽视,我们应当继续加强对声乐艺术的传承与发展,推动声乐艺术在社会中实现更广泛的传播和应用。

## 八、声乐艺术的未来发展和展望

### (一)当前声乐领域面临的挑战和机遇

当前社会,声乐领域面临一些挑战和机遇。在这方面,豫章师范学院著名校友喻宜萱提供了有益的启示。

1. 传统与创新的平衡

声乐作为传统的艺术形式，需要在保持传统魅力的同时与时俱进，吸引更多年轻人关注和参与。喻宜萱在其音乐教育事业中积极探索创新的教学方法，为培养声乐人才注入了新的活力。

第一，科学的呼吸方法。她注重培养学生使用正确的呼吸方式，教学生使用腹式呼吸法，并通过一系列呼吸练习来增强学生的肺活量。

第二，声音映射与分析，倡导使用声音映射和分析工具，如声谱仪、频谱分析仪等来帮助学生更清楚地了解自己的声音特点和问题所在。通过音色的可视化，学生可以更直观地掌握技巧，并进行有针对性的改进。

第三，自信心培养。注重培养学生的自信心。她通过鼓励学生表达自己的情感和个人特色，帮助他们在演唱中展现自己的独特魅力，并坚持给学生以肯定和鼓励，提高他们的自信心和表演能力。

第四，身体技巧训练。她认为声乐需要全身的参与，她在教学生时结合了一些身体技巧训练，如瑜伽、舞蹈等，帮助学生提高身体平衡力和舞台表现力，以更好地支持他们的声音表达。

第五，多元化音乐风格训练。除了传统的声乐训练，她还鼓励学生接触和尝试不同的音乐风格和流派。她相信多元化的音乐训练可以开阔学生的视野，并培养他们的音乐个性。

第六，情感表达训练。她认为艺术表达需要情感的投入。她帮助学生理解歌曲的情感内涵，通过情感表达的训练来提高学生的演唱技巧和艺术表达力。

喻宜萱通过这些创新性的教学方法帮助学生更全面地发展声乐技巧和艺术表达能力。她注重学生的个性发展和自信心培养，致力于培养具有艺术魅力并在音乐舞台上独当一面的专业声乐者。

2. 多元文化的交流

全球化为声乐的发展提供了更多的机遇。不同文化间的交流和融合，使得声乐能够吸纳各种音乐元素和表现形式，丰富了声乐的艺术内涵。喻宜萱在跨文化交流方面的努力为声乐的发展开辟了更广阔的空间。喻宜萱先生深知跨文化交流的重要性，因此一直致力于突破文化障碍，促进不同文化之间的理解和沟通。

首先，积极参与跨文化交流活动。她参加各种国际会议、研讨会和座谈会，与不同文化背景的人交流并分享自己的观点和经验。通过这些活动，她与来自不同国家和地区的人建立联系,增进彼此的了解和友谊。

其次,注重学习和研究其他文化。她喜欢阅读关于不同国家和地区的书籍、文章和研究报告,深入了解各地的历史、价值观和传统习俗。她还喜欢学习其他国家的语言,这样她能够更好地与当地人交流,更好地理解他们的文化背景。

再次,提倡尊重和包容不同文化。她认为每种文化都有独特的价值,我们应该尊重并学习其他文化中的精华。她鼓励人们保持开放的心态,接受并欣赏多元文化,并通过对话和交流解决文化冲突和误解。

最后,积极利用互联网和社交媒体进行跨文化交流。她利用互联网资源,通过博客、社交媒体、在线论坛等与全球的人分享和交流声乐经验。

## (二)声乐与科技的结合与创新

科技进步为声乐的发展提供了新的可能性和创新空间。声乐与科技的结合能够拓展声乐的表现形式和教学方法(见图7-6)。

图7-6 声乐与科技结合

下面简要介绍声乐与科技结合的几个具体方面。

1.录音和音频处理技术

先进的录音和音频处理技术能够提高声乐表演的质量,增强声乐表演的效果。通过录音和后期音频处理,演唱者可以调整音色、增强音乐的表现力,为观众呈现更加精彩的音乐作品。

2.虚拟现实和增强现实技术

虚拟现实和增强现实技术可以为声乐表演提供全新的体验。观众可以通过虚拟现实设备参与声乐表演,感受身临其境的演出效果。这种创新技术使声乐艺术更加互动化和多样化。

3.在线教学和远程合作

互联网的普及和发展使声乐教学和合作变得更加便捷。通过在线教学和远程合作,学生可以随时随地接受声乐培训和指导,与音乐教育者进行远程互动和合作。

## (三) 对声乐发展趋势的预测

未来声乐的发展将呈现以下趋势。

1.跨界融合

声乐将与其他艺术形式如舞蹈、戏剧和视觉艺术等进行更深入的融合。这种跨界融合将为声乐带来更多的创作灵感和表现形式。

2.多样化的表现形式

声乐将展现更强的多样性和创新性。除了传统的歌剧和合唱作品,声乐将探索更广泛的音乐类型,包括流行音乐、爵士乐和电子音乐等,以满足不同听众的多样化需求。

3.科技驱动的教学和演出

声乐教学和演出将更多地运用科技,创造更丰富的教学和演出体验。声乐将与虚拟现实、增强现实和人工智能等技术结合,提供更具创新性和互动性的学习和观赏方式。

### 4. 全球范围内的合作与交流

音乐全球化促进了不同国家和地区音乐人之间的合作与交流。跨国流行乐队、国际音乐制作人的合作项目越来越多，不同文化背景和风格的音乐相互融合，产生越来越多的音乐元素和创意。音乐节和巡演作为音乐行业的重要组成部分，也积极顺应全球化趋势，成为声乐艺术家推广作品和扩大影响力的重要方式。

综上所述，当今社会声乐面临着挑战和机遇，需要在传统与创新之间寻求平衡。科技进步为声乐带来了更多创新空间。未来声乐将呈现跨界融合、多样化的表现形式、科技驱动的教学和演出以及全球范围内的合作与交流等趋势。这些发展将丰富声乐的艺术内涵，拓展其影响力和表现形式，使其与时俱进并继续为人们带来美的享受。

【思考与练习】

1. 比较歌剧、艺术歌曲和流行歌曲等不同声乐形式的表演风格和特点，并分析这些不同形式对情感表达的影响。

2. 尝试了解特定文化背景下的民歌或传统歌曲的地位和意义，并分析它的重要价值。

3. 以喻宜萱的声乐教育为例，谈谈声乐对学生的情感表达、认知和社交能力有什么作用。

声乐之美：天籁之音

# Chapter 8
# 第八章

## 戏曲之美：曲尽其妙

### 一、戏曲及其种类

戏剧按照表现形式可分为话剧、歌剧、诗剧、舞剧和中国戏曲等。其中，中国戏曲（见图8-1）与古希腊戏剧（见图8-2）、印度梵剧（见图8-3）并称世界三大古老的戏剧。戏剧（曲）是以演员的表演为中心，将文学、音乐、舞蹈、美术、武术、杂技等融为一体的综合艺术。

图8-1　中国戏曲

图 8-2　古希腊戏剧

图 8-3　印度梵剧

　　中国戏曲（以下简称戏曲）作为一种源远流长的民间传统文化，是我国传统戏剧形式的总称。戏曲将表现审美意境作为最高的艺术追求，主要由民间歌舞、说唱和滑稽戏三种不同的艺术形式综合而成。戏曲深深植根于中华民族传统文化，具有鲜明的民族特色，是在我国人民群众的文化生活中具有广泛影响的艺术品种。戏曲最早起源于我国原始社会的部落歌舞，发展到汉代出现了"百戏"（见图 8-4 和图 8-5）。经过几千年的发展变化，戏曲逐渐形成了完整的戏剧体系和特有的戏剧美学观，并以形态上的独特风格和民族特色，在世界剧坛独树一帜、备受关注。

图8-4 汉画像里的"百戏"

图8-5 东汉墓室壁画《乐舞百戏图》

戏曲艺术历史悠久，最早可追溯至秦汉时期的乐舞、俳优和百戏。在唐代出现了歌舞戏与参军戏结合的趋势，显示出后来戏曲萌芽与发展的轨迹和取向，成为宋元戏曲大发展的重要基础。到了宋金时期，戏曲艺术真正趋于成熟。元代，戏曲的创作和演出一度兴盛，如关汉卿的《窦娥冤》和王实甫的《西厢记》。明清时期，中国戏曲经历了又一个繁荣的阶段，如具有划时代意义的浪漫主义杰作——汤显祖的《牡丹亭》（见图8-6），同时大量戏曲理论著作也在这一时期出现，极大地促进了戏曲艺术的发展。

图8-6　戏曲《牡丹亭》

我国是世界上戏曲剧种最丰富的国家，据不完全统计，我国有360多个剧种。经过长期的发展演变，它们逐步形成了以"京剧、越剧、黄梅戏、评剧、豫剧"五大戏曲剧种为核心的中华戏曲百花苑。几乎每个省份都有乡土气息浓厚的地方戏，传统的保留剧目有五万多部，例如以北京为中心流行全国的京剧（见图8-7），流行于江苏昆山一带的昆剧（或称昆曲）（见图8-8），流行于浙江、上海等地的越剧（见图8-9），流行于北京、内蒙古和华北、东北地区的评剧（见图8-10），流行于河南、陕西等省的豫剧（也就是人们常说的河南梆子）（见图8-11），流行于山西中部的晋剧（也叫中路梆子），流行于河北及辽宁、内蒙古等地的河北梆子（见图8-12），流行于广东、广西和东南亚华侨聚集区的粤剧（见图8-13），以及流行于江西、安徽、湖北等地的黄梅戏、傩戏等。

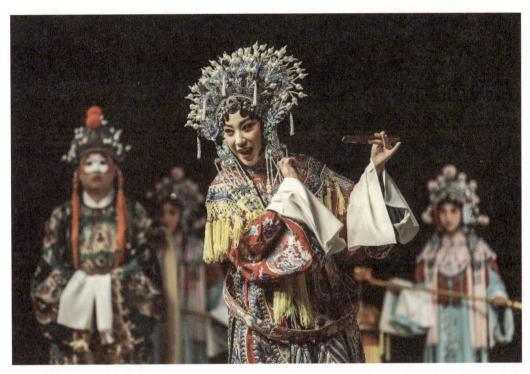

图 8-7　京剧

图 8-8　昆曲

图 8-9　越剧

图 8-10　评剧

图 8-11 豫剧

图 8-12 河北梆子

图 8-13 粤剧

## 二、戏曲的审美特征

戏曲是通过演员在观众面前表演的生动剧情来表现人类社会活动的艺术。表演者化身剧情中的人物形象，以丰富的艺术想象力、创造力和情感体验实现作者的创作意图，通过生动直观的表情、动作、语言，赋予舞台、道具以生命。同时，戏曲表现的过程是对凝固时空的延续，观众欣赏的不仅仅是美的结果，而且包括美被创造的过程本身，这是其他艺术形式所难以企及的。归结下来，戏曲的审美特征主要包括综合性、虚拟性和程式化。

### （一）综合性

戏曲将音乐、舞蹈、戏剧、文学融为一体，其艺术手段包括唱、念、做、打。唱功在戏曲表演中占有重要的地位，具有丰富的审美功能；戏曲中的舞则指戏曲表演中的动作和造型具有一种舞蹈性，具有舞蹈的韵律和节奏。综合性是戏曲最基本的审美特征，也是戏曲与西方话剧最主要的区别。

《红楼梦》里的薛宝钗曾说，最好的诗都在戏里。在戏曲舞台上，我们不仅可以欣赏动听的旋律、曼妙的舞姿、华丽的服饰，还可以体会到戏曲文学与表演的独特魅力。戏曲是一种综合了多种艺术门类的艺术形式，每一种艺术门类都以不同的形式存在于戏曲之中。同样是文学，让我们感动的不仅仅是《西厢记》《单刀会》这样或缠绵悱恻或大气磅礴的故事，更是其中美不胜收的诗词曲赋；同样是美术，我们在戏曲服饰上看到的是让人眼花缭乱的精美图案（见图8-14），在人物脸谱上看到的是用粉墨和油彩勾勒的善恶忠奸（见图8-15）；同样是音乐，演员有各种各样的板式唱腔，乐队的演奏也有千变万化的节奏和旋律。因此，文学中的诗词、传奇、演义，美术中的绘画、雕塑、工艺美术，音乐中的声乐、器乐等，都可以在戏曲中找到。而由戏曲派生出来的戏装工艺、戏楼建筑、戏曲雕塑等，也都是民族艺术的瑰宝。

图 8-14 戏曲中的精美服饰

图 8-15 戏曲中的人物脸谱

## （二）虚拟性

虚拟性是指戏曲充分吸收了我国古典美学注重写意性的特点，通过虚实相生、以形写神，使演员能够更加充分地利用戏曲舞台有限的时空，集中地表达思想感情。

首先，戏曲演员表演时多用虚拟动作，不用实物或只用部分实物，依靠某些特定的表演动作来暗示舞台上并不存在的实物或情境。比如，演员通过手中的一根马鞭表示正在策马奔腾，用一支船桨表示荡舟江湖。演员的表演动作能够使得观众心领神会。

其次，戏曲舞台上的道具布景也具有虚拟性。舞台背景往往被淡化，演员用身体语言将空间布局传递给观众，让观众"被迫"参与到剧情里去，跟着演员的动作，用想象力来填补舞台上没有的东西。戏曲舞台大多不需要布景，常常只用很少的几件道具。

最后，戏曲舞台的时空具有虚拟性。演员一般通过唱腔、念白和动作，以虚拟的手法来表现空间和时间，具有高度灵活自由的主观性。如越剧《十八相送》中的梁山伯与祝英台通过在舞台上来回走动，表现二人从书房到长亭，路途之中穿村庄、过小桥、进庙堂等场景的变化。演员的唱段和念白中生动的念词、婉转的语调、顾盼的风姿，无不荡漾出戏曲特有的旖旎美感。

## （三）程式化

戏曲艺术的程式是从生活中提炼出来一些规范性动作，使之节奏化、套路化，并将生活中的自然形态按照艺术美的原则予以概括，使之成为节奏鲜明、规律严整的艺术格式。戏曲表演中，演员角色行当、表演动作、音乐唱腔和锣鼓演奏等，都具有一定的程式。

首先，演员角色行当的程式化。中国戏曲的表演角色分为生、旦、净、末、丑等行当（见图8-16），每个行当都有自己的基本特征和表演技巧，演员必须按照角色的行当类型进行表演。

图 8-16　生旦净末丑

其次，表演动作的程式化。戏曲的动作具有规范化和格式化的特点，演员在表演时必须按照一定的动作规范进行表演，例如武生的动作必须表现出阳刚之气，而花旦的动作则必须表现出柔美之态。许多动作，如起霸、甩发、抬须、投袖、走边等，也需要合乎一定的程式。其中，起霸就是通过一整套连贯的戏曲舞蹈动作，来表现古代将士出征前整盔束甲的情景，又分为男霸、女霸、双霸等多种形式；走边则是表现人物悄然潜行的动作，有一套专门的出场形式和舞台行动路线，通常配合音乐锣鼓来进行。

最后，音乐唱腔和锣鼓演奏的程式化。戏曲的音乐唱腔和锣鼓演奏都有一定的规律和格式，演员必须按照一定的曲调和唱腔进行演唱，同时配合锣鼓等乐器进行表演。音乐、唱腔和器乐伴奏也具有基本固定的曲牌和板式。比如，京剧《三岔口》（见图 8-17）中的锣鼓声配乐就为整出戏增色不少。锣是中国的传统打击乐器之一，可用于营造紧张刺激的气氛。在这出戏中，锣声时而密集时而稀疏，与剧情的跌宕起伏紧密相连，有时在高潮处戛然而止，制造悬念，将观众的注意力牢牢地吸引在舞台上。

图 8-17 京剧《三岔口》剧照

## 三、戏曲的欣赏

### （一）掌握戏曲的程式与虚拟性

欣赏者只有具有一定的生活体验，掌握戏曲的美学特征，才能领略戏曲之美。常言道："内行看门道，外行看热闹。"一般观众初次欣赏《三岔口》可能会一头雾水。《三岔口》又叫《焦赞发配》，取材于《杨家将演义》第二十七至二十八回，为传统京剧短打武生剧目。该剧讲述了任堂惠在暗中保护三关上将焦赞至三岔口夜宿时，与店主刘利华因误会而发生搏斗的故事。如果观众不懂得戏曲的程式与虚拟性，就不明白两个演员为什么在明亮的灯光下装作相互看不见而在那里乱打，当然也就欣赏不了戏曲的美。扮演刘利华和任堂惠的二位演员在只有一桌二椅的灯火通明的舞台上，能生动地表现出摸黑打斗的真实感觉，很大程度上归功于一套虚拟的程式化动作（见图 8-18），例如眼神的左右环视表现在黑暗中极力想要看清，上身略微前倾、左右环顾表现搜寻摸索，等等。《三岔口》中的服装设计同样是匠心独运。任堂惠着白衣，刘利华着黑衣，二人一黑一白，对比鲜明，给人强烈的视觉冲击。而演员的武打身段也非常漂亮。在黑夜打斗开始时，刘利华带着一把大刀出场，先是从刀上翻了一个筋斗，再从刀上一跃跨过，这两个动作一气呵成，令人印象深刻。打斗中间任堂惠一翻身，从地面稳稳地跳到桌上，动作干净利落，相当精彩。剧中的喜剧元素也是其一大艺术特色。如任堂惠和刘利华在黑暗中寻找彼此，上身从左探到右，再从右探到左，二人动作高度一致，显得十分滑稽。再如，有时二人近在咫尺，但一个人身子向左探，另一个人身子向右探，刚好感觉不到彼此的存在，这种情况也是极富喜剧效果的。还有，二人在黑暗中同时将桌子抬起，又同时将桌子放下，但刘利华却一不小心被桌子腿砸到了脚，痛得在地上乱蹦，也为紧张的打斗剧情增加了不少笑料。这些动作之所以具有艺术魅力，是因为它们是从生活中提炼出来的，加上了艺术化的夸张之后，显得极为传神。

图8-18 《三岔口》中程式化动作

戏曲《拾玉镯》（见图8-19）是一出被多次改编的喜剧，讲的是明朝时期，陕西孙家庄少女孙玉姣坐在门前绣花，被青年世袭指挥傅朋看见了。傅朋对孙玉姣心生爱慕，便借买鸡为名，和孙玉姣说起话来。傅朋的潇洒多情也打动了孙玉姣。傅朋故意将一只玉镯丢落在她的门前，她便含羞地拾起了它，表示愿意接受傅朋的情意。两个人的心意被刘媒婆看出，她便出头来撮合这件好事，完成了这幕喜剧。我们从行当的程式中可以知道，孙玉姣是着重做工的花旦，也就知道了她是具有活泼伶俐性格的少女；傅朋是小生，也就知道他是文雅且风流的青年男子。他们在剧中做的许多虚拟动作，如梳妆打扮、开门关门、撒米喂鸡、绣花做活，以及生动的面部表情等，我们都要看得懂才能体会到这出戏的美之所在。

图 8-19　戏曲《拾玉镯》

京剧《盗御马》又称《坐寨盗马》，包括《坐寨》和《盗马》两折。河北盗魁窦尔敦善使虎头双钩，自仗武力，横行齐鲁间。先是窦尔敦与飞镖黄三泰在李家店地方角技，窦尔敦被挫，从此江湖间窦尔敦的威名大损，窦尔敦恼羞成怒，暗与黄三泰结怨。之后，窦尔敦往关外占据连环套山寨，日夜想要报复黄三泰。后知梁千岁有钦赐千里驹一乘，遂遣部下盗之，且留书署名飞镖黄三泰，蓄意欲借此陷害黄三泰，却不知黄三泰已经去世。当时黄三泰的儿子黄天霸，已得记名总兵之职。幸彭公知其为仇家诬陷，曲予成全，限期令黄天霸捉拿窦尔敦。我们从脸谱的程式可知，蓝脸的窦尔敦在京剧中的脸谱"兰花三块瓦"（见图8-20），是"三块瓦"脸谱中的一种。"三块瓦"的画法是，用线条勾出两块眉、眼窝、一块鼻窝，恰似三块瓦片分布在脸上。"花三块瓦"是在眉、眼、鼻等部位勾画出色彩多样、花纹复杂的图案，其所表现的人物大都是绿林豪杰和勇猛剽悍的部将。蓝色在脸谱中寓意刚烈勇猛，眉部画有双钩一对，是窦尔敦使用的兵器。

**图8-20** 蓝脸的窦尔敦

## (二) 代入戏曲氛围与情境

戏曲的审美特性为欣赏者创造了通过联想体会戏曲氛围与情境的客观条件。欣赏者要充分发挥主观能动性，积极地代入剧情。

汤显祖是明代戏曲家、文学家，祖籍临川县云山乡，后迁居汤家山（今抚州市），他被誉为"中国戏圣"和"东方莎士比亚"。他创作的剧本《牡丹亭》是戏曲史上的一朵奇葩。在中国古代戏曲百花园中，有众多以爱情为题材的作品，其中最著名的莫过于王实甫的《西厢记》。然而，在《西厢记》方兴未艾之际，《牡丹亭》横空出世，引起轰动。明代文学家沈德符对此现象有过一番具体而生动的描述："汤义仍（汤显祖）《牡丹亭》梦一出，家传户诵，几令《西厢》减价。"该剧描写了官家千金杜丽娘与梦中书生柳梦梅倾心相爱，竟伤情而死，化为魂魄寻找现实中的爱人，人鬼相恋，最后起死回生，终于与柳梦梅永结同心的故事。全剧文辞典雅、语言秀丽。

在《牡丹亭》（见图8-21）中，杜丽娘和柳梦梅虽然一前一后在同一舞台空间相继出场，但从各自的情节来看，两人的实际时间隔了三年之久。杜丽娘在婢女春香的带领下游园进入梦境，与不同时空的柳梦梅相遇后回归现实，因为伤春病逝去了幽冥地府，又死而复生回归现实，和自己的心爱之人团圆，这一过程经历了三年之久。而杜丽娘无意识的梦境让未来的姻缘成真，预示了将来自己的爱人，看似虚假的梦境对她来说却是像庄周梦蝶一样，是比现实还要真实的存在。这种时间交错的写法，让这部作品格外出彩。

汤显祖在文中设置了三年的时间差，展现了现代影视剧中常见的穿越式恋爱故事，神秘又富有梦幻色彩，这在数百年前的明代是十分新颖且有创造力的戏剧结构，向观众展示了一段动人心弦的时光旅程。观众只有充分信任创作者，将自己的身心沉浸其中，方能领略戏曲奥妙。《牡丹亭》充分体现了中国戏曲之美的几个重要方面。

首先，汤显祖的剧作展现了戏曲的音乐之美。他擅长运用韵文、曲调、唱腔等元素来表达剧情和角色的情感。他的作品常常有婉转动听的歌词和旋律，使观众在欣赏戏曲时能够体味美妙的旋律和声音的魅力。

其次，汤显祖的作品展现了戏曲的形象之美。他善于刻画角色的外貌和行为特点，通过细腻的描绘和动作表演，塑造丰满立体的人物形象。他的作品中角色形象各具特色、性格鲜明,从皇帝到平民百姓,他都能够以深刻的洞察力塑造生动的形象,展示中国戏曲对人物形象的丰富表现。

再次,汤显祖的剧作突出了戏曲的情感之美。他善于描绘情感和内心体验,通过唱腔和表演,使观众能够感受到戏中角色的痛苦、喜悦、悲哀等情感。其作品中的情感表达深沉而动人,能够引起观众共鸣。

图 8-21　《牡丹亭》

最后,汤显祖的作品展现了戏曲的文化之美。他的作品中常常涉及历史、文化和社会等方面的内容,通过对这些方面的描绘,使观众能够更深入地了解中国传统文化和历史背景。他将戏曲艺术与中国传统文化相结合,使观众在欣赏戏曲演出时能够感受到中国传统文化的魅力和独特性。

### (三)理解戏曲特色和主题

戏曲的综合性形成了戏曲丰富多彩、各具特色的艺术风格。观众在欣赏戏曲时要分析和理解一出戏的风格和特色。比如京剧传统剧目《空城计》(见图8-22),

又名《抚琴退兵》，取材于《三国演义》第九十五回"马谡拒谏失街亭，武侯弹琴退仲达"。该剧目在剧情上通常前接《失街亭》，后接《斩马谡》，合成《失空斩》。该剧目讲述了马谡违背诸葛亮的指示失了街亭之后，司马懿带领大兵来攻打诸葛亮驻扎的西城，当时诸葛亮身边没有兵将，只得以空城为计，大开城门、故弄玄虚，而司马懿到了一看，唯恐内有埋伏，因而撤兵离去的故事。这是一出以老生的唱工为主的戏，诸葛亮的唱腔是"西皮慢板"，演员唱得古朴苍劲、潇洒飘逸，生动地刻画了诸葛亮晚年时面临困境忧心忡忡又强作镇静的心情，既表现了唱腔和音色的美，又表现了动作和神态的美。

图8-22　《空城计》

前文介绍的《拾玉镯》是以花旦的做工为主的戏，孙玉姣有许多程式化和虚拟性的动作，用来表现少女春心萌动、一见钟情、又想又怕、娇柔羞腆的复杂而微妙的心情。演员为塑造这一人物精心设计了台步、手势、眼神、动作、情节等，表演自然而不随便、活泼而不油滑、泼辣而不放荡，把人物演得娇、美、憨、甜。

戏曲的美还应该表现剧目的主题美。中国戏曲多取材于历史故事、神话传说和古典文学著作，以这些内容为题材的戏曲的主题比较容易理解，因为观众比较熟悉。观众如果对戏曲的内容不熟悉，就要善于观察、思考和分析，认识戏曲的主题。如新编梨园戏《促织记》（见图8-23）取材于蒲松龄短篇小说《促织》。促织即蟋蟀。小说讲述的是主人公成名一家因"宫中尚促织之戏"而生活大起大落的故事。梨园戏《促织记》则在原有故事的基础上,增添了大量的人物心理动态、魔幻的"化虫"表演等,使全剧更具戏剧张力和观赏性。蒲松龄的《促织》展现的是封建极权对底层人民的迫害,但《促织记》想给观众带来的是更深层次的人性思考:在那样的社会环境下,受迫害的小知识分子成名是否会产生异化?因儿子"化虫"而飞黄腾达后,成名会不会从受迫害者变成迫害者?我们如何在那样的环境下保持自身的高洁?这种"返本开新"所表明的主题思想有着更深刻的历史意义和现实意义。

图8-23　《促织记》演出

### (四) 把握中西方戏剧的异同

#### 1. 中西方戏剧相同之处

首先,戏曲与西方戏剧都注重角色表演。戏曲中的角色扮演是通过特定的化妆、服装和动作表演来实现的;而西方戏剧也强调演员要真实地扮演角色,通过语言、肢体动作和声音来展现角色的特征和性格。

其次，戏曲与西方戏剧都注重舞台表现。戏曲以舞台为主要表演场地，注重舞台布景和道具的使用，以营造特定的空间和氛围；而西方戏剧也注重舞台布置和道具的运用，以帮助观众理解情节和背景。

再次，戏曲与西方戏剧都反映了社会和人类的某些问题。戏曲以曲艺和唱腔来传达情节和意义，通过剧情及角色的表演反映中国社会的习俗、道德观念和价值观念；西方戏剧通过情节和角色的展示，探讨人类的道德、伦理和社会问题。

最后，戏曲与西方戏剧都注重对情感和人性的揭示。戏曲通过唱、念、做、打的表演形式，以音乐和声腔为表现手法，生动地展现角色的情感和内心感受；西方戏剧通过台词和表演来揭示人物的情感和心理变化。

### 2. 中西方戏剧不同之处

从戏剧艺术来看，西方戏剧以写实为主，表现在舞台设计上就是西方戏剧的舞台是生活化的，多接近生活。戏曲以写意为主，表现在舞台设计上就是通常用简单的道具传递一个场景布置，或者对舞台进行简单的有意象的布置。

从心态视角来看，戏曲观众采用的是俯视角，表现出一种高傲、优越的态度，而西方戏剧观众采用的是仰视角，表现出一种卑微、谦逊的态度。这种心态视角的不同反映了东西方文化中对社会地位和人际关系的认知差异。

从文化要素来看，中国传统文化中，戏曲以"乐"为本，具有纵贯古今的稳定性，是保留戏剧优良传统的关键因素。而西方戏剧则以诗歌为根本要素，容易裂变出各自的独立体裁，如话剧、歌剧和舞剧等。这种文化要素的不同体现了东西方文化中对艺术本质的理解和表达方式的差异。

从表演形式来看，戏曲表演者通过唱、念、做、打等方式来表现人物和情节，舞台布置和场景相对比较简单，而西方戏剧则更注重演员的表演和台词，舞台布置和服装等比较华丽。这种表演形式的差异反映了东西方文化对艺术审美和表现手法的不同追求。

尽管戏曲与西方戏剧在很多方面存在差异，但两者都是戏剧艺术的重要形式，都致力于通过演员的表演和舞台的布置，去探索人性、社会以及人与人之间的关系。无论是戏曲还是西方戏剧，都具有独特的魅力，能够激发观众的思考和情感共鸣，为人们提供了一种独特的艺术美感体验。

【思考与练习】

1. 在你的家乡有哪些著名的传统戏曲？请举例说明。

2. 结合所学，谈谈你对中西方戏剧的认识。

3. 坚守传统文化至关重要，但戏曲创新也是大势所趋，你认为我们应如何处理这二者的关系？

戏曲之美:曲尽其妙

# Chapter 9
# 第九章
# 非遗之美：璀璨夺目

近年来，中国每年都有新入选的世界文化遗产，但是非物质文化遗产（以下简称非遗）似乎很少受到关注。其实，非遗可能和我们的生活息息相关，它们往往沉淀着一个个族群独特的过往、情感与精神内核。

非遗包括各种类型的民族传统和民间知识，其中有各种语言、风俗习惯，也有民族音乐、戏剧、舞蹈、手工艺甚至建筑技艺。世界级非遗是指被联合国教科文组织认定为具有突出普遍价值的非物质文化遗产，它意味着这些富有地域特色的文化，已经在国际层面得到了认可和保护。

## 一、传承中华文明，书写进贤非遗文化

2021年，文港毛笔制作技艺入选第五批国家级非物质文化遗产代表性项目名录。2022年，文港毛笔获批国家地理标志证明商标，并荣获"江西省最受欢迎的消费品牌"。近年来，江西省南昌市进贤县文港镇致力于打造"笔尖上的文港"，研发出形式多样的毛笔文化产品。目前，文港镇拥有毛笔生产企业400余家、毛笔作坊2300余家，从业人员14000余人，产品远销十几个国家和地区，成为文港的支柱产业之一。

文港毛笔源于东晋、定于唐、盛于宋，历史悠久。其素以制作精湛、刚柔相济、书写自如、经久耐用著称，不但笔头似笋、腰身如锥、锋颖毫细，而且兼具毛笔"尖、齐、圆、健"之四德，深受历代文人学者的喜爱和赞赏。文港毛笔的制作坚守传统，延续古法之散卓法、披柱法和铺叠法，工序繁多。经历代艺人千锤百炼、精益求精，文港毛笔质量不断提高。文港毛笔具有历史、文化、工艺、经济价值，为天下三大名笔之一。

文港毛笔制作之前是家庭作坊的形式，父传子、母传女，世代相继。新中国成立后，进贤县文港镇成立了专业化生产的李渡毛笔厂。文港人在继承传统工艺的基础上，通过工艺创新，使得笔头色彩斑斓、七色俱全；笔杆形态各异、情趣

万千，涌现出周鹏程、邹农耕这样的毛笔制作技师。历代文人墨客与文港毛笔结下了不解之缘，党和国家领导人以及诸多著名书画家先后来文港视察或参观，他们用文港毛笔题诗作画，对文港毛笔赞不绝口。2004年，文港镇被中国轻工业联合会、中国制笔业协会、中国文房四宝协会命名为"华夏笔都""中国毛笔之乡"。

## 二、精湛的毛笔制作技艺

### （一）文港毛笔品种和制作方式

文港毛笔品种繁多，笔类齐全，式样新颖，长短兼备。论品类，有狼、紫、鸡、羊、兼五毫；论笔锋，有红、绿、黄、白、青、蓝、紫七色，近年来制作的"纯净紫毫""七紫三羊""墨翰"等名牌传统产品，名扬日本、新加坡等国家。受欢迎的出口品种还有"书家妙品""百花争艳""进贤独秀""白云狼毫""羊毛小楷""极品纯净狼毫"等。目前文港毛笔年产量达120万支。

毛笔制作大致可以分为两部分，一部分是水作即毛笔笔头制作（见图9-1至图9-4），另一部分是干作即毛笔笔杆部位的制作。在毛笔制作之前，首先要进行选料，长期以来制笔工匠在决定制笔前要选择适宜的毛料以满足使用者的各种需求。在毛料中有羊毫、兔毫、狼毫等，多为动物身上的毛发，而在当今毛料成本上升及因时而变的市场大环境下，人工尼龙毛也开始成为人们制作毛笔的选择。用人工尼龙毛制作的毛笔性能在一定程度上比一些天然毛料有优势，是文港毛笔的工艺创新点，当然这种毛料只是作为有效补充，并不适合长期使用。

图9-1 整理——整理好的毛料用清水拢作小团状，方便脱脂

图 9-2 反复梳毛（1）

图 9-3 反复梳毛（2）

图 9-4 卷笔柱——将处理好的毛片卷成笔柱

文港毛笔对毛料和质量要求极为严格:笔杆笔管要求既圆又直,能在柜台上自如滚动;笔头要求使用纯正、清爽、高质量的材料精工制作。制作器具有30多种,制作主要工序大致分为芯毛制作、护毛制作、草灰制作、笔杆制作及芯杆组合、治笔、包装制作等六大工序。每一道工序又可细分为众多小工序,共计126道工序。制作原料主要为优质山羊毛、山兔毛、黄狼尾毛、香狸子毛以及植物竹等,文港毛笔大如扫帚细如针、品多形异、色斑型美、工艺纯熟、配料均匀、制作精湛,融实用、欣赏、收藏价值于一体,刚中有柔,能硬能软,吸水性强,书写流利,下笔铁画银钩,收得拢、撒得开,得心应手,挥洒自如。

(二)文港毛笔制笔工序

1. 芯毛制作工序

芯毛制作具体分为选骨、开梳、磨梳、选毛、整理、脱脂、去绒、分片、打绒、压料、梳毛(见图9-5)、分小片、去杂障、去弯锋、合梳、分组、尖毫配硬毫(包括紫毫、狼毫类)、羊毫分组小片、改刀、组合(见图9-6)、第二次合梳、分毫饼、定笔型、复梳、加麻(加腰肚)、圆笔等26道工序。

制作毛笔的核心是笔头的制作,这也是这个制作工艺流程中最为复杂的一部分。毛笔笔头制作工序复杂,完全依靠手工技艺,在制作过程中很多细小的步骤,需要观看才能体会到,并非简单的文字可以解读,其工艺价值就在于此。甚者,有些精微的细节处理是需要长期实践总结出来的,每个人的领悟程度和手上感觉不同,单通过文字描述和现场观看也未必能领悟其中的奥妙。

图9-5 用牛骨梳梳去杂毛

图9-6 组合

2. 护毛制作工序

护毛制作工序包括擢羊毛、捏小团、去油脂、抵齐、去绒、分小片、打绒、齐毛（见图9-7）、切毛（见图9-8）、配量（上中下各部位按比例）、反复梳毛、分小块、汇合、重复梳理、再分小片、去杂毛、挑弯锋（见图9-9）、组合梳、分成品小块、护笔、烧兜等21道工序。

图9-7 齐毛

图9-8 切毛

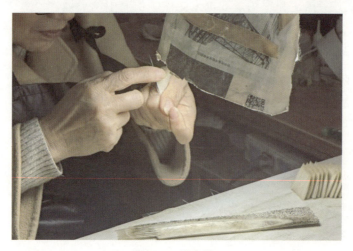

图9-9 挑弯锋

### 3. 草灰制作工序

草灰制作工序包括烧灰、捏揉、入盆、打灰、盍笔兜、熏笔头（指羊毫、狼毫、尖毫）、扎笔（见图9-10）、吊笔、拈兜、攀毛、去杂等11道工序。

**图9-10　扎笔**

### 4. 笔杆制作及芯杆组合工序

笔杆制作及芯杆组合工序一般包括磨棱、开刺刀、磨竹刀、选竹竿、制比尺、切料、筛选、捆扎、炀花、浸温、刺口、倒口、挖孔、相头、相管、刺头等16道工序，斗笔类还需要磨刮刀、定刀、测径口、刮型、挖孔、打磨、抛光、上蜡、定槽、粘接、吊头、护线、组胶、粘头、干胶晾晒等多道工序。

### 5. 治笔工序

治笔工序包括开治笔刀、合拼、下茸、煮茸、蘸清水、圆笔、去弯锋、沾茸、揉笔、梳茸、纳浆、夹茸、挑盖毛、拨障、定型、半干清理、晾干、刻字、贴商标、上套、捆扎等21道工序。

### 6. 包装制作工序

包装制作工序包括选料、切料、粗刨、挖型、细刨、打磨、上光、印字、喷漆、钉扣、打蜡、切布、定尺、制纸板、粘布、装扣、缝软带等17道工序。

技艺精湛的制笔师傅之所以能够把毛笔做得出彩，得益于长期的训练和认真学习，而非一日之功。正是这批勤劳的工匠及专于研究制笔的师傅，造就了如今的文港毛笔。同样，高质量的毛笔也在不断促进书画家进步，从而带动社会文化艺术的发展，可见工艺制作的每一步都要竭尽所能。一支毛笔的完成需要十天左右，在社会趋于急功近利的背景下，制笔师傅们不论严寒酷暑，日复一日、默默无闻地辛勤制笔，其技艺值得传承，其工作值得尊重。

## 三、江西傩文化的起源及特点

### （一）江西傩文化的起源

在传统的华夏文明中，"傩"是历史久远并广泛流行于汉民族中的具有强烈宗教和艺术色彩的社会文化现象。它起源于汉族先民的自然崇拜、图腾崇拜和巫术意识。中国古代有三大祭祀，即腊祭、雩祭和傩祭。其中，腊祭是纪念神农氏，祈求农事风调雨顺；雩祭是干旱之年的求雨祭祀；傩祭是驱鬼逐疫的仪式，是中国古代三大祭祀中影响最大、最为隆重的祭祀活动，有"天子傩""国傩""大傩"之分。"天子傩"为天子专用，仅限于太社范围之内，诸侯与庶民不得参与；"国傩"不得越出国社的范围，供天子与诸侯共同享用；"大傩"下及庶民，举国上下共同举行，故又称"乡傩"。显然，赣傩属于"乡傩"范畴。"天子傩""国傩"较早进入"雅文化"范围，步入宫廷成为礼制，逐渐走向封闭僵化。而"乡傩"则一直活跃在"俗文化"范围内，成为民间礼俗，延绵几千年，至今仍有遗存。江西傩舞如图9-11所示。

**图9-11　江西傩舞**

傩文化是江西地区的特色文化,始于汉初。两千多年来,傩风不绝。赣傩品类丰富、多姿多彩,在性质上有傩祭、傩艺术之分;在表现形式上有开口傩、闭口傩、军傩、文傩、武傩之别。江西省有萍乡的车湘傩、婺源的长径傩、德安的樟树傩、南丰的石邮傩、乐安的流坑傩、宜春万载的沙桥傩等多种地方形式。萍乡、宜春和南丰被共同列为"傩文化三宝"(傩庙、傩面、傩舞)圣地。赣傩已形成了自己的文化体系,尤以南丰、上栗两县为盛,它们堪称中国傩文化的"活化石"。

据统计,清末至今,南丰县有傩班150多个,不仅留存明代傩神庙,保留古老的傩祭仪式,而且流传80余个传统节目和傩面具百余种2000余只,现有傩艺人2000余名。上栗县自古就有"五里一将军,十里一傩神"之称,现保存明清时期古傩庙20多座,承袭古典傩舞50余折,有古傩面具400余种,面具雕刻艺人20余名。

2006年5月20日,江西省南丰县、婺源县、乐安县申报的"傩舞(南丰跳傩、婺源傩舞、乐安傩舞)"、萍乡市申报的"萍乡湘东傩面具"经国务院批准列入第一批国家级非物质文化遗产名录(见图9-12)。

图9-12 "萍乡湘东傩面具"被列入第一批国家级非物质文化遗产名录

下面我们重点介绍南丰跳傩。

傩舞是跳傩的主要表现形式,原为祭神驱疫的仪式舞蹈,后发展为娱神娱人的傩舞。南丰跳傩风格古老稚拙、粗犷豪放,具有原生形态特质。南丰古属扬州,商周已有先民开发,春秋战国时先为吴、赵、楚之属地,兼受吴文化、赵文化和楚文化的影响。《南丰县志》有记载"吾乡信鬼而好坐","南方淫祀,自古已然",这样的环境为南丰跳傩的传播提供了适宜的气候和土壤。

唐宋时期，受宫廷傩礼的影响，南丰跳傩有了较快的发展。傩仪中出现了判官、钟馗、小妹、土地、灶神等新角色，娱乐成分渐增。明清时期，南丰跳傩十分活跃，突破"索室驱疫"的傩仪范畴，将戏剧表演、武术动作融入其中，并从神话故事、传奇小说、民间传说中汲取内容创作新节目，形成娱人娱神的民间舞蹈。图9-13为2016年春节时南丰县的傩舞节目"金猴送福"。

图 9-13　南丰县的傩舞节目"金猴送福"

### （二）江西傩面具的审美特点

江西傩面具是江西地方文化的艺术表现，不同地区的傩面具各具特色：萍乡的傩面具风格古朴，婺源的傩面具形态夸张，南丰的傩面具色彩艳丽。

傩面具是傩文化重要的外在表现和媒介。傩面具在傩礼中是神的载体，在傩舞中是角色的装扮，又被称为神面、圣像等。萍乡湘东傩面具（见图9-14）是优秀的民间传统雕刻，有着悠久的历史。专门雕刻傩面具的艺人在萍乡市的传统文化里，有一个专名的称呼，即"处士"。就像专门画唐卡的藏族僧人一样，"处士"们一刀一刻慎重地塑造着面具形象。

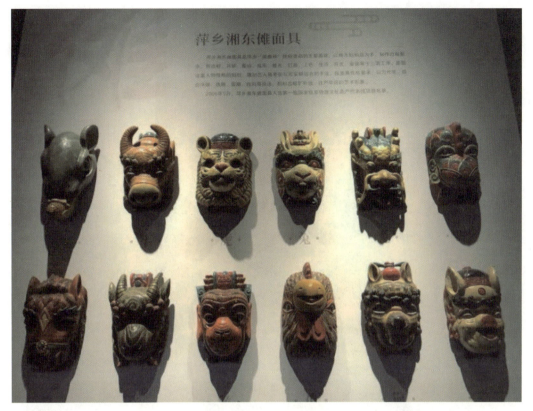

图 9-14 萍乡湘东傩面具

现存萍乡湘东傩面具雕刻技法在清代时从湖南传入，在湘东已传至三代，主要是宋代傩面雕刻技艺。用这种手法雕刻的面具风格古朴细腻，工艺复杂讲究，目前的传承人能够雕刻 440 只完整的宋代人形傩面。

赖德明就是著名的傩面具传承人之一。与其他雕刻傩面具的人不同，赖明德的手艺来自祖传，并有一套祖传的谱，共 80 余本，如《傩面具神谱》《神灵处士咒》《易经》《药谱》等。其中，《傩面具神谱》上有 1240 尊傩面具神像。其祖传完整的傩面具制作工序包括选材、雕刻成形、请神、开坯、整容、打磨、上底漆、彩绘金容、生胡须、开光、拜坐、安腹臓、招兵买马等。图 9-15 为萍乡湘东傩面具国家级传承人赖明德在创作傩面具。图 9-16 为赖明德傩面具作品。

图9-15　萍乡湘东傩面具国家级传承人赖明德在创作傩面具

图9-16　萍乡湘东傩面具国家级传承人赖明德作品

赣傩面具分为供奉面具和舞耍面具两种。供奉面具较厚重,大的约117厘米×60厘米,小的仅20厘米×14厘米,不镂空。舞耍面具较小而轻,约30×20厘米。江西傩面具外观的夸张也体现在面具的大小与体积上,其中主神的面具要比其他面具大,造型也更加特别,制作精良,而次神面具的体积略小,制作工艺略逊,像万载傩舞中的24面面具就比较有代表性。

赣傩面具雕刻艺人用夸张与写实相结合的手法，按面具性格要求，以刀代笔，综合浮雕、透雕、圆雕、线刻等技法，体现出民间艺人浪漫的想象力。同时，傩面具的刻画又遵循一定的程式规则，如"男将豹眼圆睁，女将凤眼微闭"，"少将眉一支箭，女将眉一条线，武将眉如烈焰"等。面具主要有三种类型：一是凶猛狰狞型，这种类型一般为立刀眉，面肌紧绷，鼻翼阔张，龇牙咧嘴，令人生畏；二是和蔼端庄型，这种类型一般为火焰眉，眼睛微闭，脸带微笑，和气可亲；三是诙谐幽默型，这种类型一般为歪嘴眯眼、撇嘴斜眼、嘟嘴拢眼。

赣傩面具颜色鲜艳而且色彩淳厚。一般来说，单色的面具会显得面目狰狞，而彩色的面具则给人不一样的感受。面具雕刻艺人用不同的色彩表现人物的性格和对角色的褒贬，比如红色表示忠勇，白色表示奸诈，黑色表示正直勇敢，蓝色表示刚强，黄色表示鲁莽，绿色表示老年人，金色和银色表现鬼怪，从中可以发现人们的审美情趣和审美趋向。

## 四、赣傩文化的艺术传承保护

萍乡湘东傩面具的品种较多，傩面具的雕刻主要用的是樟木，从原料加工到成品需经十几套程序。在传统傩面具手艺人的车间里，没有流水线的程式。这里的父传子承是一种全能型的传承，从开料、打坯，到雕刻、修光，再到打磨、彩绘、装饰，全程皆由单人独立完成。面具的神情及其冠饰具有特定的文化内涵和意义指向，雕刻工艺精湛，面具神态古朴，手法夸张，具有鲜明的地域风格。由于手工雕刻的傩面具技术难度大、花费时间长，年轻人多不愿学，故萍乡湘东傩面具雕刻现已是后继乏人的状态。

目前，现代机械化的生产方式正在进入傩面具的制作行业，促使萍乡湘东傩面具进一步市场化，导致许多独具特色的手工技艺走向消亡。另外，许多传统的傩面画谱毁于各种历史动乱中，现仅存一部完整的傩面画谱，但因时代久远，损毁也十分严重。由以上种种状况可知，萍乡湘东傩面具雕刻技艺已处于濒危状态，急需抢救、保护。

21世纪，傩文化开始远离人们的视线，被深埋于乡野的山村与古书的记载中。赣傩这样的依靠口授和行为传承的珍贵遗产也面临断代、失传、消失的危险。维护傩文化，其实就是在维护我们自身的民族文化，保护人类的精神遗产。赣傩文化作为中国特有的文化遗产，得到了较多的专家学者关注。很多人主张从"传承文化、实现效益"的角度对赣傩文化进行保护，运用互联网高效地整理赣傩文化史料、影音资源，有效处理赣傩文化的实物、图片等资料，使赣傩文化得到永久性的保存。同时，维护赣傩文化地址的原样，维持傩文化环境的不变，也是较好地维护傩文化的重要手段。

江西有丰富的傩资源，赣傩流派众多、品类丰富、分布较广，中国民协傩文化艺术专业委员会和傩文化研究中心落户江西，确立了赣傩在中国傩文化中的地位，赣傩文化的经济效益逐渐得到关注与利用，并逐步推动地方经济的发展建设，傩文化在有些地方甚至成为文化象征，如南丰县因表演出众的傩舞而在1996年被文化部（现为文旅部）称为"中国民间艺术之乡（傩舞艺术）"；萍乡市傩文化种类繁多，艺术内容较宽泛，也被誉为"中国傩文化之乡"。江西人民也致力于对傩文化的保护和传承，例如"傩文化艺术周"的举办、傩文化主题公园落户南昌、萍乡上栗县赤山镇石洞口建设了中国傩文化园、婺源和流坑在旅游中对傩资源的利用等，这些活动各具特色，使得赣傩文化旅游资源得以展现。

【思考与练习】

1. 请列出文港毛笔制作的六大工序。
2. 请列出赣傩面具的三个特色。
3. 请试着谈谈赣傩面具的常见刻画规则。

非遗之美：璀璨夺目

| 第三篇 |

# 美的体验

# Chapter 10 第十章

## 校园之旅：旖旎风光

习近平总书记在党的二十大报告中指出，全面建设社会主义现代化国家，必须坚持中国特色社会主义文化发展道路，增强文化自信，围绕举旗帜、聚民心、育新人、兴文化、展形象建设社会主义文化强国，发展面向现代化、面向世界、面向未来的，民族的科学的大众的社会主义文化，激发全民族文化创新创造活力，增强实现中华民族伟大复兴的精神力量。高校作为文化创造和传播的重镇，是坚定大学生文化自信的前沿阵地，是用文化涵育时代新人成长的重要场所。近年来，豫章师范学院（见图10-1）校园文化发展呈现时代特征不断彰显、空间载体不断延展、实践路径愈发多元、网络文化建设日趋重要等主要特征。豫章师范学院面对时代的发展和社会的变迁，不断深入推进校园文化建设，发挥校园文化在育人方面的重要职责和使命。

图 10-1　豫章师范学院

豫章师范学院在红角洲片区众多学府中是个"新生",但它不忘初心,努力贯彻好习近平总书记"坚持立德树人,把培育和践行社会主义核心价值观融入教书育人全过程"的重要思想指示。豫章师范学院在江西高校中,却是无可争议的"前辈",百年的历史中蕴藏着深厚的文化底蕴,始终伫立历史潮头,名人辈出,群星璀璨。

## 一、校名之美

清光绪34年即1908年创立的江西女子师范学堂是豫章师范学院的源头。继之,1914年成立的江西省立第一师范学校、1928年成立的江西省乡村师范学校成为学校前身南昌师范学校的主干。之后又有江西省立实验幼稚师范学校、江西省立劳作师范学校、江西省立社教师范学校、南昌幼儿师范学校、南昌第二师范学校等汇入,办学历史起伏跌宕,学校分分合合,数易其址。而今"豫章师范学院"作为升本后的名称,既有区域特征,反映历史文化传承,又承载了学校办学的历史和性质。

"豫章"是江西历史上第一个建制名称,距今已有2000多年的历史。王勃《滕王阁序》中开篇就是"豫章故郡",这里的"豫章"就是南昌的别称,是南昌重要的文化符号,既有历史的深度,又有地域的广度,更有文化的厚度。学校以"豫章师范学院"作为新校名,彰显了传承历史、服务地方、弘教兴学的品质。

为了打响"豫章"品牌,学校在大门口左侧竖立了一块长约4.8米、高约2.2米的"豫章文化石"(见图10-2),上面镌刻了由豫章师范学院吴智勇博士撰写的《豫章学记》,其言"今吾校开基百有余年,处豫章灵杰之地,当兴其厚积之学,造福乡邦,庶几无愧先贤",表达了开拓新征程的决心和信心。

图10-2 豫章文化石

## 二、广场之美

　　进入豫章师范学院大门，是开阔大气的赞贤广场（见图10-3），广场以中共赣州地方组织的创始人之一、中共早期著名工人运动领袖之一陈赞贤的名字命名。1921年，陈赞贤考入江西省立第一师范学校，在学校逐渐成长为坚定的革命者。"赞贤"既凝刻了红色教育的印记，又蕴含了礼赞贤人的价值理念。赞贤广场也是学校开展红色教育和举办大型活动的重要场所（见图10-4）。

图10-3 赞贤广场

图10-4 赞贤广场开展教育活动

在广场的草坪上有一个党建文化宣传栏，左边写着"奋进新征程，建功新时代"；右边则是豫章师范学院的校训"厚德博学，崇真重行"（见图10-5）。党建文化和校园文化的结合，让同学们时刻感受到历史的厚重和爱国的情怀，从而唤醒勇于担负时代赋予的责任意识，将砥砺奋进的行为作为报效祖国最生动的诠释。

图10-5　豫章师范学院校训

学校围绕赞贤广场设计了一条"学校百年时间轴"，将校史创造性地写入其中。时间轴由路中间地面石刻和草坪周围斜立面铭文组成，两两成对，共有十组。按照学校发展脉络，地面石刻以关键词的形式概括不同阶段学校的鲜明特征，与之对应的斜立面铭文简述了各个阶段学校的历史，可视为"关键词"注脚。

第一组，"1908—1927肇基"（见图10-6）。"肇"是开始的意思，"肇基"就是

图10-6　学校百年时间轴之"肇基"

开始建立基础。豫章师范学院一直有"两校开基"的说法，指的就是1908年建立的江西女子师范学堂和1914年建立的江西省立第一师范学校。这是学校具备近代师范教育特征的开始。鲁迅笔下纪念的刘和珍君就是从当时的江西女子师范学堂走出去的。

第二组，"1927—1937乡铎"。"铎"是古代官员到地方宣讲法令、收集民情时使用的铃铛，最初为木铃，称为"木铎"，"铎"也就有了教化的象征意义。1928年，江西省立乡村师范学校成立，别称"伍农乡师"（1932年改名为江西省立南昌乡村师范学校），寓意"与农为伍"，创办校刊《乡铎》，倡导伍农觉民、改造乡村，领师范教育学做结合风气之先，为豫章师范学院发展史上留下重要烙印。

第三组，"1937—1945悯乱"：1938年，江西省立南昌师范（原江西省立第一师范学校，后更名江西省立武宁师范学校）、江西省立南昌乡村师范学校（原江西省立乡村师范学校）、江西省立南昌女子师范学校（原江西省立女子师范学校）分别迁移至武宁、遂川、玉山等地，颠沛流离，在抗战中顽强坚守。

古人评价李白、杜甫的诗时，常用"感时悯乱"之语，以称赞李白和杜甫的忧患意识和担当精神。抗战时期教育工作者坚持教育救国理念，以深厚的爱国情感和理想信念、以对中华文明的悲悯情怀，顽强坚守，最终迎来了胜利。这是豫章师范学院宝贵的精神财富，所以用"悯乱"来纪念。

第四组，"1945—1949汇川"。"汇川"即百川汇流归大海。抗战胜利之后，学校源流各部结束了多年的颠沛流离，迁回南昌，江西省立南昌乡村师范学校、江西省立武宁师范学校（大部）、江西省立劳作师范学校、江西省立社教师范学校合并成立了省立南昌师范学校；由著名教育家陈鹤琴于1940年在泰和创办的江西省立实验幼稚师范学校（后改为国立，为全国第一所独立设置的幼儿师范学校），也在1946年并入江西省立南昌女子师范学校，此为抗战结束后江西师范教育资源的大融合。从此学校分散的源流归为一支，学校力量壮大、学科齐全，由此进入一个稳定的发展时期。

第五组，"1949—1966春荣"。"春荣"一词出自曹植《与吴季重书》里的"得所来讯，文采委曲，晔若春荣，浏若清风"，这里以春天灿烂的花朵、欣欣向荣的草木，表达新中国成立初期教育领域的欣欣向荣景象。1949年5月，南昌解放，省立南昌师范学校与江西省立南昌女子师范学校合并，成立了江西南昌师范学校。

江西南昌师范学校曾是国家中等师范社会主义改造的试点单位,1958年被教育部确定为全国示范性重点师范学校。

第六组,"1966—1976历劫"。"劫"原为佛教用语,《楞严经》中直接出现了"历劫"一词,有"经历劫难、劫后重生"的意思。"文化大革命"期间,学校历经浩劫,曾迁址新建县白马山、郊区瀛上等地,先后更名为江西共产主义劳动大学新建分校、南昌教育学校,在困境中坚持办学。1973年江西南昌师范学校得以恢复。

第七组,"1976—2004鸣盛"。"鸣盛"表达的是在盛世以最大的创造热情,创造出与时代气象相配的事业与作品的意愿。"文化大革命"结束后,我国迎来教育盛世。1982年江西南昌师范学校迁回南昌市叠山路原址办学。1988年被评为"全国先进师范学校";1993年试办大专教育;2000年学校迁入青山湖校园,南昌幼儿师范学校并入,办学规模和综合实力不断发展和提升。

第八组,"2004—2017济海"。"济海"一词取自唐代诗人李白的名句"长风破浪会有时,直挂云帆济沧海"。这里以"济海"表达三层意思:一是从江西女子师范学堂开始,一代代人筚路蓝缕以启山林;二是升格之后,学校进入新的办学阶段,进入更高的办学境界,并确立了新的目标,不懈奋斗;三是充满希望,满怀豪情,争取创造新的辉煌。2004年学校升格为南昌师范高等专科学校,2005年南昌第二师范学校并入。2012年元月,学校迁入现址办学,办学条件大为改善。学校重视内涵建设,确定了以培养小学教育、学前教育、特殊教育师资为主要办学方向,形成了鲜明的办学特色。

第九组,"2017—天舒"(见图10-7)。"天舒"取自毛泽东《水调歌头·游泳》中的诗句"万里长江横渡,极目楚天舒",表示学校再上新台阶、进入本科办学层次后,舞台更大、视野更宽,具有更加广阔的前景和未来。2017年学校升格为豫章师范学院,为应用型本科院校。学校大力营造"厚德博学,崇真重行"的校园文化,坚持服务社会、补短板,积极推进本科教育。

第十组,地面石刻、斜立面铭文特意设计为空白。这是期待我们共同努力,为学校的未来写下最新最美的文字。

短短两条校园路,记载的却是一整个世纪的风风雨雨,这其中有坎坷,有辉煌,更有对明天无限的憧憬。设计巧妙、制作精美、语言简练的"学校百年时间轴"浓缩了前人筚路蓝缕、以启山林的奋斗足迹和学校曲折前进的发展历程。沿广场一周,移步换景,教者自豪自信,学者自觉自强。寓意深刻的"赞贤"之名更增添了校园文化的直观感和美感。正所谓"随风潜入夜,润物细无声",置身其中的同学们很自然地受到熏陶,在享受校园文化的过程中汲取精神营养、接受思想政治教育。

图 10-7　学校百年时间轴之"天舒"

## 三、校园建筑之美

　　豫章师范学院所有楼宇的设计风格简约而不简单,以现代建筑为主,同时融入一些经典的建筑元素,使得整个建筑既有现代感,又不失古典韵味(见图 10-8 至图 10-16)。

　　各个教学场所的空间布局合理,拥有先进的教学设施,包括语音教室、微格教室、儿童音乐创编室、听障大学生律动室、言语康复实训室等现代化教学设施,特别是学前教育和特殊教育专业的实验、实训设备国内领先。这些设施为学生的学习提供了便利,也为提高他们的实践能力提供了锻炼的机会。教学楼的墙壁上挂满了学校的历史和文化背景,为学生营造了一种深厚的文化氛围,让学生更好地了解学校的历史和文化。

建筑周围设置了绿化带,种植了一些花草树木,为整体建筑增添了一份自然之美。

图 10-8　行政楼

图 10-9　教学大楼

图10-10 文科楼

图10-11 实验实训大楼

第十章 校园之旅:旖旎风光

图 10-12　宜萱楼

图 10-13　鹤琴楼

图10-14　抱石楼

图10-15　图书馆

图 10-16　体育馆

## 四、文化园之美

豫章师范学院校园不大,但树木、草坪随坡就势、绿意盎然,加之镜湖亭台、曲径通幽,俨然是个优美别致的文化园。在校园中央,学校专门辟出一个"特区"作为学生的"私人领地",这就是以中国现代杰出国画大师傅抱石(见图 10-17)名字命名的抱石园(见图 10-18)。同时,学校还修建了傅抱石博物馆(见图 10-19)。

**图 10-17　傅抱石**

图 10-18　抱石园

图 10-19　傅抱石纪念馆

## 第十章 校园之旅：旖旎风光

郭沫若曾说："我国绘画，南北有二石。北石即齐白石，南石即傅抱石。"北京人民大会堂以毛泽东《沁园春·雪》为内容所作的巨幅绘画《江山如此多娇》，就是傅抱石和关山月共同完成的作品。

傅抱石1921年以第一名免试的优异成绩升入江西省立第一师范学校，毕业后留校任教。他为豫章师范学院书写了一段励志传奇，留下了一笔宝贵的精神财富。学校利用校内一个天然湖泊，以绿树、亭台、小径围绕着一汪清水，嵌入傅抱石元素，打造了一个精致的抱石园。公园内有傅抱石的雕像，有傅抱石印章石刻，有以傅抱石学名命名的瑞麟亭（见图10-20），有傅抱石儿子傅二石题写的"抱石园"，有著名书法家、校友赵定群手书的对联"倚岭揽江风清物瑞 林荫范馥待风期麟"，有掩映在桃树、李树中意境悠远的小径桃李蹊（见图10-21）。在校园内，还专门建立了收藏内容丰富的傅抱石纪念馆。

**图10-20** 瑞麟亭

图10-21　桃李蹊

除了傅抱石之外,鲁迅笔下"真的猛士"刘和珍、中国学前教育先驱陈鹤琴先生都是豫章师范学院的校友代表和优秀前辈。学校打造了刘和珍塑像,并将鲁迅名篇《记念刘和珍君》的重要章节刻在石碑上(见图10-22),以成片的樱花林簇拥、陪伴着刘和珍塑像,并将塑像面对的广场定名为"和珍广场";建立了以陈鹤琴"学中做、做中学"教育思想为主题的陈鹤琴纪念馆,以陈鹤琴的教育思想为学前教育专业建设树立坐标、昭示信心。

图10-22　刘和珍塑像和鲁迅文章

打造培养新一代高素质应用型大学生的第二课堂,是豫章师范学院校园文化建设的另一亮点。校园内改建或新设了8处格局不同、功能多样、大小互补、错落有致的露天文化场所:有可容纳数百人表演的豫章大戏台,有中西合璧的英语角(见图10-23),有绿荫环抱的青春剧场(见图10-24),有以老校园大门仿饰为背景的菁英舞台(见图10-25),有依山临水的促膝阶(见图10-26),有光影交错的楹联长廊等(见图10-27)。这些场所无不彰显师范特色。它们既是优雅别致的校园景观,又是专业实训的重要场所和锻炼学生师范技能、拓展学生综合素质的实战平台。清晨或傍晚,漫步校园,处处能看见学生舞蹈或操练的身影,时时会传来读书声、悠扬的琴声、欢快的笑声。

图10-23 英语角

图10-24 青春剧场

图 10-25　菁英舞台

图 10-26　促膝阶

图 10-27　楹联长廊

## 五、展馆之美

　　豫章师范学院最核心的主体就是教学大楼。在建造过程中,该教学大楼曾获得中国建设工程鲁班奖。教学楼八楼设置有爱国主义教育基地、校史馆和自然博物馆。爱国主义教育基地是新生入学教育的一个重要板块,讲述的是江西著名的历史事件、红色景点、历史文化等。校史馆(见图10-28)主要讲述的是豫章师范学院的历史发展脉络,共分十个部分,分别为"序""开创篇""新生篇""曲折篇""发展篇""壮大篇""展望篇""桃李篇""字画廊""荣誉室",采用专题展示和图文结合的方式,以学校百余年发展脉络为线,详细介绍了学校的过去、现在和未来,全方位地展示学校的历史沿革和发展成就。它和教学大楼前的百年时间轴遥相呼应。为了让学生更多地了解自然、知晓生物学知识、树立环保意识,学校还把自然搬进校园,建立了自然博物馆。自然博物馆分五个区,即生态系统展区(见图10-29)、动物标本展区(见图10-30)、昆虫标本展区(见图10-31)、植物标本展区和地质岩矿标本展区。

图 10-28　校史馆

图 10-29　生态系统展区

第十章 校园之旅:旖旎风光

图 10-30　动物标本展区

图 10-31　昆虫标本展区

## 六、情怀之美

豫章师范学院是省内高校中率先建立校内爱国主义教育基地的学校，开辟了红色教育、党建长廊，是学校党建工作的重要展示平台，也是学校的党建文化新亮点，旨在通过展示中国共产党的建设成果、传播中国共产党的先进理念和思想，促进师生党员更好地了解党的历史、党的理论和党的政策，从而增强师生的党性修养和爱国主义情怀。

党建长廊全长300余米，东起和珍广场，西到惜时广场，是连接特教楼与学生生活区的重要通道，自东向西以20块石墩镶嵌铜板画的形式，依次展示从党的一大到20大的概况，营造了浓厚的党建氛围。长廊前的石碑上篆刻的"党建长廊"四个字，是由文化与旅游学院的青年教师亲手设计并篆刻；两侧二十幅铜板画则出自美术学院教师之手。铜版画上展现了党的历史回顾、党的理论创新、党的教育实践活动等，生动直观地展示党的光辉历程和伟大成就。

学校通过党建长廊的建设（见图10-32），不仅为师生提供了一个学习、交流和感悟的平台，也进一步推动了学院的党建工作向更高水平发展。同时，党建长廊还发挥着引领和示范作用，激励广大师生党员以更加饱满的热情和更加坚定的信念，投身于学院的建设和发展中。

为了传递校园文化之美，学校每年都会组织学长、学姐参加校园文化讲解培训，担任校园文化景点义务讲解员，向新生、学生家长、来宾介绍校园、学校的历史、学校的特色、自己的校友，通过富有激情的语言和灿烂自信的笑容传递学校特有的文化价值。学校还组织外语学院的师生对校园文化景点进行英文翻译，面向全校选拔英语口语优秀的学生参加英语讲解校园文化景点培训，开展校园景点英语讲解比赛，并通过他们产生辐射效应，带动更多同学开展专业技能训练。

有了厚重的"历史书"，有了会讲故事的百名讲解员，学校这座新校园的历史文化正在焕发旺盛的生命力；有了颇具匠心的文化创意和形象塑造，豫章师范学院这所老师范院校，正在成为省内高校美育文化建设的新示范。

第十章 校园之旅：旖旎风光

图 10-32 党建长廊

【思考与练习】

1. 在你善于发现美的眼中，校园还有哪些迷人的角落？请和同学们一起分享。
2. 在学校的发展过程中，有哪些细节让你印象深刻？
3. 对于学校的未来，请畅所欲言你的设想和建议。

校园之旅：旖旎风光

# Chapter 11
# 第十一章

## 乡村之旅：民居建筑

民居建筑在中国传统建筑中占有相当重要的地位，其中一部分民居建筑群所形成的历史性地段在过去也许并不是很重要，但随着时光的流逝会越来越显现其独有的魅力和珍贵的意义。传统民居建筑是劳动人民先进建设活动的结晶、地域文化的积淀，也是城镇自身不断发展和淘汰的结果。作为特定地域历史建设活动的"活化石"，传统民居建筑记载了这些地区社会、经济、文化发展的全过程，是当地人民世世代代的集体记忆。

### 一、抚州古村落

江西抚州历史文化底蕴深厚，散布在各地的古村落是反映抚州文化的重要载体。这些古村落建筑群以其建筑规模、建筑艺术、文化内涵，向世人展现了抚州传统文化，成为弥足珍贵的遗产。抚州市乐安县流坑村以规模宏大的传统建筑、风格独特的村落布局而闻名，具有较高的研究价值，被誉为"千古第一村"（见图11-1），是全国重点文物保护单位和全国首批历史文化名村。

**图 11-1　流坑"千古第一村"牌坊**

## (一) 流坑村概述

流坑村现为江西省抚州市乐安县牛田镇所辖,地处江西中部、抚州西南部,赣江支流的乌江上游之畔,距抚州城区136千米,离乐安县城38千米。村庄方圆3.61平方千米,坐落在一块美丽开阔的河谷地上,四面群山拱卫、秀峰叠翠(见图11-2)。乌江汇集其东南方的金竹、坪溪、招携、望仙等地的山溪之水,碧绿澄清,迤逦而来,自村东南流至村东北再转西绕村而流,与村西龙湖之水相连通,使流坑成为一个远有青山拥抱、近有绿水环绕的山水乡村佳境。乌江两岸古木秀竹绵延五千多米,掩映着乌江之水向西北方的牛田流去,下经永丰、吉水入赣江。

**图11-2　流坑村鸟瞰图**

全村现有各类古建筑近500座,其中明清古建筑260多处,主要集中于村中心,布局井然。青砖灰瓦、翘首挺立的古建筑,在水光山色的映照下,显得格外清新素雅、古典壮观(见图11-3)。村中,楼坊馆宅,鳞次栉比,各具风貌;长街小巷,古老幽深,交错纵横;匾额楹联,书体齐全,端庄劲秀;雕塑绘画,形神兼备,栩栩如生。现在的流坑村是以董姓为主聚族而居的大村落,现有居民1000多户,7000多人。封建社会时期,流坑村共出进士32名,文武状元各1名,举人100多名,宋、明两朝尤为鼎盛,"以读书入科宦,以科宦固宗族"成为流坑董氏家族的发展主脉络,也造就了千年古村别样的历史风貌。

大旅行家徐霞客在1636年游览了流坑村。他于《江右游记》中对流坑村景的描述是"其处阛阓纵横,是为万家之市,而董氏为巨姓,有五桂坊焉"。这里说的"五桂坊",就是为表彰宋仁宗景祐元年(1034年)董氏一门五人同时中进士这一盛事而建的纪念牌坊——"五桂齐芳",历史罕见,可谓殊荣。

图11-3　流坑村古建筑群

## (二) 流坑村的民居现状

流坑村古建筑数量众多,类型齐全,规模宏大,在全国自然村中实为罕见。流坑村传统建筑中,有古典风范的民居建筑,有宏伟壮观的宗祠建筑,有幽雅别致的庙宇建筑,有功能各异的文化建筑,如纪念性楼堂、书院、戏台等,还有店铺、水井、桥梁、古井、古塔遗址等,可以说,我国古代建筑中的基本类型都能在这里看到。流坑村不仅本身是一个规模宏大的建筑群落,而且村内有颇多由于数代同堂或以血缘关系聚族而居形成的建筑群组,如"大宾第建筑群组""星第门建筑群组""思义堂建筑群组"和"处仁门建筑群组",数栋建筑前后相连,左右相通,合纵连横,曲折多变,既珠联璧合又独立成章,让人产生院内有院、门里套门的迷宫式感觉,其规模气魄之大,令人叹为观止。

村中大量明清建筑在江南潮湿的环境下,历经上百年的时间依然能较好地保存下来,本身就是一个奇迹。更为难得的是,遍布全村的匾联、丰富的家谱记载,给村中的古建筑留下了确定建设时间的有力佐证,使绝大多数古建筑都有准确的建设年代可考。特别值得一提的是,村中较好地保存了一批有确切纪年的明代及清早期的民居建筑,从明万历至清乾隆几无缺环,这对于研究民居建筑由明代向清代的演变提供了宝贵的实物资料,具有重要的历史价值和科学价值。总之,流坑村历经千年沧桑,其历史文化丰富、建筑艺术之美、研究价值之高,在江西省是少有的,在全国也是罕见的。

### (三) 流坑村的民居布局

流坑于五代南唐升元年间建村,明万历年间在族人的规划营造下,建设为现在的规模,村子如今的面貌和明万历十五年董氏族谱上的《流坑舆地图》(见图11-4)基本相符。村庄的布局以"七横一竖"的巷道为主体框架,间以无数小巷相连通。这七条横巷均为东西走向,平行排列,从南至北依序为上巷、闰家巷、明经巷、墟上巷、贤伯巷、中巷、隆巷。南北走向的竖巷沙上巷,与七条横巷的西端相连接,互为贯通。在巷头巷尾的主要进出处,均建有具有关启、防御功能的望楼。七条横巷的洞口直对江岸,与码头相呼应,河风能顺畅地入巷进村,使村中空气清新。巷道以鹅卵石铺地,道旁设置地下排水系统,将村中天然水和村民生活用水从东向西引入湖中,再排入乌江流坑段的下游,从而避免污水对沿村江水的污染。村东江岸,南至三官殿,北至武当阁,是明清乃至民国时期木竹的集散地。在村庄的主体布局之下,依照地形物貌,建宗祠、造书院、修街道、筑戏庙、立楼阁、树牌坊、围村墙、植树木,使流坑村俨如一座城池、一方都会。其规划设计的科学合理性,为当代建筑专家所赞叹。

**图11-4 《流坑舆地图》**

### (四) 鲜明的建筑工艺特色

流坑古村落的传统建筑有浓厚的地方特色，代表了江西传统民居的典型类型和风格。流坑村的民居建筑均为砖木结构一层半高的楼房，布局简洁，朴实素雅。外观一般为长方形平面，用空斗砖墙围合清一色的青砖灰瓦且高峻的马头墙，半掩半露的双坡屋顶隐在重重叠叠的马头墙后面。马头墙造型丰富多样，有阶梯形、弓形、云形，翘首长空，既可防火，又可防风，还能挡盗防贼（见图11-5）。

**图 11-5　流坑村马头墙**

流坑村民居格局多为二进三开间，一堂一厅。明代多前堂后厅，清代多前厅后堂，面阔三间，明间厅堂，次间卧堂左右对称。房屋为木构穿斗式梁架，并依不同的使用目的用木质"宝壁"、屏门、隔扇将厅堂内部进行自由分隔，下堂前檐部常做成各式轩，形制秀美且富于变化。卧室楼高一层半，下层居住，上半层放置物品，厅堂没有分层，显得高大宽敞，气势堂皇。室内地面以长条青砖横向错缝铺砌。神龛设在厅堂宝壁两边侧门的上方，左边神龛摆放先祖牌位，旁有香烛插座、长明灯、铁铃，下有短梯，供农历初一、十五家家户户上灯祭祖之用。堂前均有较为狭小的天井，既供采光通风之用，又取"四水归堂"之意，无形中把人与天衔接起来，体现了"天人合一"的智慧。居宅一般都有前门后门，前门通正厅，后门连便厅或厨房，明代和清代前期正门多为侧入式，清中期以后大门一般开在中轴线上，门的形式各异，以一字门、八字门、牌坊式门、凸入式门和门罩式门较为普遍。明代民居堂前多置照壁，照壁上的砖雕壁画十分精美，清代民居堂前多带庭院，庭院前有砖木结构的门楼。室内装饰主要是木雕、木刻，斜撑雀替、门窗格扇这些构件都经过精雕细琢，题材丰富，手法多样，家家户户都不相同。此外，砖雕、砖刻、石雕、石刻、彩画、墨绘等装饰也随处可见。

流坑村以规模宏大的传统建筑村落布局闻名遐迩。明代中叶经过规划，规整街巷，族人按房派宗支分巷居住，逐巷道设门楼、以村墙连接围合、以卵石铺地并建有良好的排水系统，保存至今，堪称一绝。

1. 永享堂

永享堂位于流坑村隆巷中段南侧，为明代建筑。它的麒麟厅坐北朝南，二进二天井砖木结构。进深15.5米，面阔11米，占地面积170.5平方米，为侧入式。入门为天井，天井紧贴前墙为照壁造型。照壁中部为一组均以方砖斜拼衬底的三幅壁画，两侧图已破损，中图尚存。中图上镶有一高100厘米、宽80厘米的立体堆塑麒麟，麒麟龙头鹿身牛尾，张口吐舌，双耳耸起，满身鳞甲，前肢腾起，后半身下塌，身披彩带，凌驾于波涛之上，回头仰望左上方一轮环绕火焰的太阳，构成了"麒麟望日"图（见图11-6）。照壁工艺厚实质朴、形态夸张，带着一种静姿动态之美。

图11-6　永享堂"麒麟望日"镶雕

### 2. 状元楼

状元楼位于村西侧棋盘街旁，坐西向东，建于村里古代聚居的高亢处，立于楼上可观古村全貌（见图11-7）。据董氏祖谱记载，此楼始建于南宋年间，是为纪念南宋初年的状元董德元而建的，历代均有修葺，现存状元楼应为晚清重修之物，但平面布局仍为旧制。此楼为砖木结构硬山式重楼，楼平面为正方形，下层前后辟拱门，形成东西直通过道，是流坑村古时出入村的主要道口之一，古道旁竖旗杆的花岗岩石犹存。

图11-7　状元楼

状元楼前门右侧有转折式木梯通往二楼檐廊（见图11-8）。檐廊四周相通，中间部分装有隔屏，上有麒麟、灵鹿等彩绘（见图11-9）。正中为神阁，前置供桌，内设神龛。悬挂有宋代著名理学家朱熹所题书的"状元楼"行书大匾（见图11-10）。阁柱上分挂一木刻行书联"南宫策士文章贵　北阙传胪姓字先"，其书遒劲有力、典雅端庄，虽经翻刻和漫长岁月风雨沧桑，风韵犹存。

第十一章 乡村之旅:民居建筑

图 11-8 状元楼一楼内景

图 11-9 状元楼二楼内景

图11-10 状元楼匾额

### 3. 理学名家宅

理学名家宅为明代中宪大夫、刑部郎中董燧故居,为一座砖木结构的明代后期建筑。宅院位于流坑中巷的中段,宅前辟大门廊,为一进三开间,经后代改修,仅遗门廊部分为明代原物。其正门前两侧分立圆雕红石狮一对,虽经数百年沧桑岁月显得斑驳古旧,但雄风犹存(见图11-11)。

门楣上悬挂的"理学名家"大匾,为明代太子少保、吏部尚书曾同亨所书(见图11-12)。门廊正前方6米处,一明代影壁式砖坊上面刻的"高明广大"和"文章辉列宿 冠冕重南洲"匾、联,为吉水状元罗洪先所书。门相上署有"大夫第"三字,天井照壁上刻有"共徘徊"匾额,这是当时董氏休闲、读书、会友的场所。

第十一章 乡村之旅：民居建筑

图 11-11　理学名家宅圆雕红石狮

图 11-12　理学名家宅门楣

### 4. 文馆

文馆也称江都书院，为流坑董氏一族所立。文馆位于村北陌兰州之西，坐北朝南，是流坑村保存至今最大的一座书院，也是该村祀孔及文人聚会的场所。文馆始建于明初，后经多次修葺，现存应为清道光年间重修之物。这是一幢前带小庭院的硬山式建筑，平面纵向为长方形，面阔三间，进深十一间，木构架，砖石灰瓦（见图11-13）。它集读书、讲学、祀祖敬贤、藏书等多种功能于一体。

图11-13 文馆

### 5. 旌表节孝坊

旌表节孝坊位于村中巷，坐北向南。此坊为四柱三间三楼的砖石建筑，歇山顶，顶部为木结构，其顶部的中间部分高出，两侧等高对称，上覆青灰瓦，檐角起翘（见图11-14）。正面上方嵌有红石"圣旨"竖匾，中方横条红石上刻有"旌表节孝国学董朝杰之妻张氏 偕媳儒士金鳌之妻陈氏"，下方刻有"节孝坊"三字。此坊装饰讲究，主要位于檐宇部和各层坊，其装饰图案丰富，有花卉、灵兽、祥禽、人物、诗文等；装饰手法多样，有石刻、堆塑、砖雕、彩绘、墨书等，使得整个牌坊华丽典雅、气宇轩昂。后来，人们紧靠此坊建一住宅，以坊门作为正门，堂悬"本立堂"匾。现存建筑应为清代中晚期之物。

图 11-14　旌表节孝坊

### 6. 怀德堂

怀德堂是一栋砖木结构的明式宅第,为明晚期流坑儒商绅士董国举之宅,建成于明万历初年。此宅堂前照壁的壁画分为左、中、右三幅,雕成"丹凤朝阳""爵禄封侯""荣华富贵"等多种图案,寓意丰富,极富艺术感染力(见图11-15)。照壁上"正大光明"额和挂于正堂上的"怀德堂"匾(见图11-16)均为罗汝芳所题。

图 11-15　怀德堂壁画

图 11-16　怀德堂匾

怀德堂的梁、棚、门窗等均以木雕装饰（见图 11-17）。柱、梁板用料硕大，地铺青砖，天井以红砂石板为框，既古朴大方又华丽典雅（见图 11-18）。后堂也前辟天井，装饰较简单。后人未对该建筑进行多大的改修，是流坑村中保存较为完好的明代住宅建筑。

图 11-17　怀德堂正厅、后堂

图 11-18　怀德堂入门天井

### （五）流坑村历史文化价值

大部分历史文化名村都代表不同时代、不同地域辉煌一时的文化。流坑村内无论是有形的古建筑遗址、宗祠、文馆，还是无形的民间习俗，都是古文化的遗产与积淀，是古村落的价值核心，是古村落保护的主要内容。不少建筑古旧破损，遗址断壁残垣，是沧桑岁月留下的痕迹，见证着流坑村的荣辱兴衰。遍布全村的匾联、丰富的家谱记载，为古建筑留下时间佐证，为人们研究明清演变时期的民居建筑提供了宝贵的资料，具有重要的历史文化价值。除此之外，流坑村文化资源较为丰富，除了逐步形成的书院文化、血缘宗祠文化，还保存了傩文化、酒文化、饮食文化及寺庙灯会、龙舟竞渡、轻乐吹奏等极为丰富的民间文化。

## 二、婺源民居

婺源县位于江西省的东北部，邻接浙、皖两省，为"吴楚分源"之地，距今已有1200多年的历史。古婺源隶属徽州府管辖，近代后划归江西省，是我国历史名县之一。自古以来，婺源不仅以千岩万壑、古木林立、神奇多姿的灵岩溶洞吸引历代名人雅士，而且以布局严谨、气势雄伟、工艺精巧、独具特色的明清民居建筑群闻名中外。

婺源县的明清民居属徽派建筑，却又有聚集而居、少有院落、户户相连的特点（见图11-19）。这是与它的地理环境、民俗风情，以及当时的经济条件分不开的。

**图11-19 婺源民居**

婺源山多地少，人口众多。以农为本的婺源人知道土地的重要性。他们在山上种茶，集中建房，空出土地种植庄稼。因此，婺源古民居建筑形成了集中而建的格局。婺源许多地方的明清民居建筑都是家家相连而建，数十栋连成一片。

婺源明清民居建筑大都打破了严格的古代住宅等级制度。在婺源的历代居民中，有许多是汉代以后因改朝换代或战乱而逃到这里定居的官宦人家，他们融入当地，形成了一个个以氏族为集团的部落。婺源人十分注重乡情，热心帮助同乡，在婺源出现了"一家穷一村穷，一家富一村富"的独特乡风。

婺源地处亚热带，山高雾多、土质肥厚、水量充足，是种植茶叶的绝佳地区。但由于人多地少，许多婺源人只能以经营茶叶为生。唐宋以后，婺源作为我国的主要产茶基地闻名全国。可沉重的贡茶生产使老百姓衣食难保。直到明太祖即位后废除龙凤团贡茶，改贡芽茶，才减轻了贡赋负担，同时促进了婺源茶叶的发展，加之海禁开放，外销茶叶规模扩大，不仅使婺源茶叶产量、质量、销量有了新的提高，也给婺源茶叶经营带来了十分活跃的商机。当地因此出现了不少富商巨贾，他们将赚来的钱分与村民，邻里一起买地、建房，聚集而居，形成了许多高墙深院的居民村宅。其中最为集中的有沱川、浙源、思口、江湾许村、溪头、清华、龙口等地。这些民居村落大都以青石板铺道，用木材构架，青砖筑墙。墙体为清一色的白色马蹄墙，用黑色勾勒，绘有图饰，与当地的古树、石桥、峻山、溪水等自然景观构成了一幅白墙灰瓦、青山绿水的江南美景（见图11-20）。当地的明清建筑群除官宅、府第、祠堂外，最有特色的还是民居建筑。这些民居不亚于大宅府第的威势，不仅有大门、二门、正门、偏门、耳门、后门，还有庭院、门楼、正堂、后堂、厢房、后寝、客馆、书斋、花园、后院等。如许村的清代民居中不仅客馆内有男客房、女客房，分楼上楼下，而且花园内有温室，种植了四季花卉，其建筑格局不亚于皇亲国戚的豪宅。

明清时期婺源人敢于打破封建王朝制定的严格的住宅等级制度，建造上述规模宏阔、气势雄伟的民居，反映了明清时期资本主义经济因素已经萌芽，封建等级制度面临挑战。

明清时期婺源的民居建筑不仅气势宏伟、布局严谨，而且装饰豪华、雕绘精美。最吸引人的是那些用木、石砖为材料雕琢出来的木雕、石雕、砖雕等雕刻艺术。在民居建筑的各个部分，如门脚、门柱、门梁、门匾壁照、房梁、斗拱、出踩、脊吻、檐椽、梁柱、雀替、柱础、隔扇、窗栏以及气窗、下水罩等地方，都精雕细刻了许多具有民族传统内涵的纹饰图案。人们在婺源古朴的民居中，既可以看到明代疏朗淡雅的雕饰艺术风韵，也能欣赏到清代精美繁复的雕饰艺术风格，难怪许多中外古建筑专家称之为"艺术宝库"。

图 11-20　婺源民居村落

　　婺源古民居的雕饰艺术，是我国古代建筑雕刻工匠以其聪明才智和精巧的工艺创造出来的。他们采用浅雕、深雕、圆雕、透雕等多种工艺技法和我国传统的建筑结构相结合，使房架既坚固又美观。雀替的利用就是最具代表性的例子。工匠利用深雕、圆雕等技法，在做雀替的木料上雕出精美的纹饰，再将其安装在梁、横梁和立柱的相交处（见图11-21）。这样既可以减小梁板与横梁的净跨度，起到房架的加固作用，又把整个房架装饰得富丽堂皇。又如房顶的气窗和下水道的洞口，也多用青石板镂空雕出各式吉祥图案，使得气窗既通风，外形又漂亮，也使得下水道口进不去杂物，既能避免下水道堵塞，又清洁美观。再如房内的柱础，原本是防止木柱直接落地于易腐烂的石基，在婺源古民居中也将它修饰得十分精美。古坦乡黄村的清代宗祠里八根巨大木柱的柱础上都深雕了不同的精美吉祥纹饰，如"凤戏牡丹""仙鹤登云""喜鹊含梅"等。

　　婺源明清民居里的砖雕、石雕都不施彩，保持原有的古朴材质色（见图11-22）。屋中的木雕则多以朱红为底，描金上色，加上庄重的匾额与对联，显得更加富丽堂皇。

图 11-21 俞氏宗祠的斗拱、雀替

图 11-22 婺源理坑诒裕堂雕饰

婺源明清民居中不仅有许多精美的雕饰，还有许多绘制的图画。在屋外的白墙上，婺源人总喜欢用黑色涂料在房檐下画上粗细不同的线条和一些传统线条画。如"九世同堂""松鹤延年""桃园结义""福寿双全"等。这些画错落有致，在大片的白墙上更显得清新悦目。

婺源民居的雕饰和绘画大都取材于我国传统的神话传说、历史故事和民间吉祥图案，反映了明清时期婺源居民的信仰、追求及传统礼教思想。其雕饰和绘画图案大致可分为忠孝节义类、婚姻和睦类、福寿延年类、神话戏文类等。

## （一）忠孝节义类

"忠孝节义"是中国传统文化中关乎个人品德修养的四个方面。婺源人受其影响很深，并将其视为做人应有的行为准则和道德规范，雕绘在民居中，以告诫人们为人要讲"忠孝节义"。民居中多雕绘水浒忠义堂、二十四孝岳母刺字、桃园结义、教五子、五伦图、君子之交、木兰从军等纹饰，以教育后人忠君报国、孝敬长辈、守节讲义。

## （二）婚姻和睦类

我国传统社会的婚姻往往与繁衍、氏族家庭联系在一起。人们希望香火得到延续，氏族不断壮大，家庭保持和睦。而民居装饰正是上述美好愿望的形象体现（见图11-23）。综观婺源明清民居，屋内屋外都雕绘了这类纹饰，如龙凤呈祥、鸳鸯戏水、石榴多子、白头富贵、九代同堂、四世同堂等。

**图11-23　婺源民居雕饰——诒裕堂"满堂福"**

### (三) 福寿延年类

"福寿延年"是人们追求幸福、长寿的愿望。人们希望得到"五福",追求长寿,这种愿望在婺源民居中也得到了表现。人们在屋里雕绘了许多这类纹饰,如松鹤延年(见图11-24)、福寿双全、双朝寿、芝仙庆寿、鹿鹤同春、万事如意等,甚至将"福""禄""寿""禧"等文字也精心雕刻在上面。思溪村俞姓的清代民居客馆里,就有用不同字体(楷、行、草、隶、篆)雕刻的96个"寿"字,它们镌刻在12扇隔扇门的中间,上下都有精心雕刻的纹饰,是婺源民居雕刻中的精品。

图11-24　婺源民居雕饰"松鹤延年"

### (四) 神话戏文类

婺源民居雕饰、绘画中还有许多以古代神话传说、戏剧人物为题材的纹饰图案,如八仙故事、门神、柳毅传书、西厢记、萧何月下追韩信、杨家将(见图11-25)、三国演义(见图11-26)等。除此之外,还有花鸟虫鱼、山水船舟、诗文书法等。

图11-25　婺源民居雕饰"穆桂英戏挑杨宗保"

图 11-26　婺源民居雕饰"三英战吕布"

【思考与练习】

1. 在你的乡村旅行中,发现了哪些有特色的民居建筑?请举例说明。
2. 在你的观察中,传统建筑和现代建筑在乡村中是如何共存的?
3. 你在旅行中体验过的农业活动对你的个人发展有何影响?

Chapter 12
# 第十二章

# 神奇之旅：智能科技

智能科技是基于人工智能（AI）、机器学习、自然语言处理等技术的一种智能化技术。它能够通过自我学习和适应能力，智能地分析数据和提取有价值的信息。智能科技可以应用于我们生活中的各个领域，极大地提升社会效率。

## 一、智能科技的发展历程

智能科技的发展可以追溯到20世纪50年代。在这个时期，人工智能的概念开始出现，并且出现了第一代计算机和程序设计语言。随着计算机技术和算法的不断进步，人工智能得到了进一步的发展。

20世纪60年代，AI技术得到了迅速发展，出现了专家系统。这是一种基于知识的人工智能系统，其通过推理和判断，为特定领域的用户提供诊断和建议。这个时期还出现了神经网络和机器学习等重要的人工智能技术。

20世纪80年代，随着个人计算机的出现和普及，人工智能得到了更广泛的应用。这个时期出现了自然语言处理、计算机视觉和语音识别等人机交互技术。

20世纪90年代，互联网的普及推动了人工智能的发展。这个时期出现了互联网搜索和智能代理等人工智能技术，使得人工智能得以在网络上应用。

随着计算机技术和硬件的不断进步，21世纪初期，人工智能得到了更加广泛的应用。人工智能技术在这个时期出现了重要的突破，包括深度学习、强化学习等技术的广泛应用。目前，人工智能已经成为覆盖制造、教育、家居、医疗等多个领域的重要应用技术。

随着人工智能、机器学习、深度学习、自然语言处理、计算机视觉等技术的不断进步和应用场景的不断扩展，智能科技也将不断发展。归结起来，智能科技未来的发展趋势包括以下几个方面。

第一，深度学习技术的进一步应用和扩展。深度学习是机器学习研究中一个全新的领域，其动机在于建立、模拟人脑进行分析学习的神经网络，模仿人脑的机制来解释数据，例如进行图像识别、声音识别和文本识别。深度学习技术在视觉感知、人机交互、机器人控制等方面的应用，将推动机器人更自动化、智能化，并优化人机交互的效果。

第二，多种智能技术的融合和应用，其中包括自然语言处理、计算机视觉、机器学习等技术的融合，实现更加复杂的应用场景。

第三，智能科技将在各个领域有更广泛的应用，并且比现在更加人性化、智能化，例如智能城市和无人驾驶汽车。

第四，智能科技与物联网、区块链等技术的融合和应用，能够实现更加智能化、自适应化的应用场景。

## 二、智能科技的应用

（一）智能制造

随着"工业4.0"时代（即利用信息化技术促进产业变革的时代）的推进，传统的制造业在人工智能的推动下实现快速转型和发展。人工智能在制造的应用领域主要包括智能装备、智能工厂和智能服务三个方面。其中，智能装备主要包括自动识别设备、人机交互系统、工业机器人（见图12-1）和数控机床等。智能工厂包括智能设计、智能生产、智能管理及集成优化等。智能服务包括个性化定制、远程运维及预测性维护等。

**图12-1　工业机器人**

## （二）智能教育

当今世界正迅速朝数字化、智能化方向发展。教育领域也不例外。智能教育应运而生（见图12-2）。智能教育采用现代科技手段辅助传统教学，在教育领域发挥着重大的作用。它不仅可以提供更好的教学资源，还能帮助学生更全面地学习和应用知识。相比传统教育，智能教育具有很多创新性优势。首先，智能教育可以提供更丰富、更便捷的教学资源，例如全球在线课程、应用程序、教辅资料等；其次，智能教育可以通过教育科技手段增强教育的趣味性、互动性，例如虚拟现实、游戏化学习等；再次，智能教育可以根据学生的特点和需求提供个性化学习机会，例如人工智能和大数据分析等；最后，智能教育可以加强学生和教师之间的联系和互动，提高教学效率。在智能教育中，学生可以通过各种方式与教师或其他学生进行交互式学习，并将所学的知识运用于自己的生活。教师也可以更好地了解学生的学习情况和个性化需求，运用更好的教学策略，提高教学效率和学生的学习兴趣。

图12-2　智能教育

总之，在人工智能、大数据分析和教育科技等不断发展和进步的背景下，智能教育的未来是充满希望的。

## （三）智能家居

智能家居（见图12-3）是以住宅为平台，利用综合布线技术、网络通信技术、安全防范技术、自动控制技术、音视频技术，集成与家居生活有关的设施，建构高效的住宅设施与家庭日常事务的管理系统，提升家居安全性、便利性、舒适性、艺术性，并打造环保节能的居住环境。例如，智能家居系统可以通过智能音箱或者手机控制家庭灯光、电器、窗帘等设备，通过智能门锁实现指纹、密码、手机等方式的开锁等。

图 12-3　智能家居

### （四）智能医疗

智能医疗是将人工智能技术应用于医疗领域，以实现更加精准、高效的医疗效果（见图 12-4）。人工智能在医疗行业中的应用已经成为普遍现象，并且不断取得新的进展。从诊断、治疗到康复和预防，人工智能技术都可以为医疗行业提供快速、准确、安全的方案。在诊断方面，人工智能技术可以通过数据分析和深度学习等算法实现图像识别和影像分析，从而辅助医生对病情进行诊断并提供诊疗方案。在治疗方面，人工智能技术可以为医疗行业带来更加安全、有效的治疗方案。例如，美国佛罗里达州的一家医院引入了基于人工智能技术的药物管理系统，该系统不仅可以自动执行医师的医药处方，并监测患者在药物治疗过程中的身体反应，也可以为医生提供实时的预警信息。该系统显著地提高了医疗的治疗效果和安全性。在康复和预防方面，人工智能技术可以通过数据分析和算法识别个人的健康状况和风险，也可以制定个性化的康复方案和预防措施。例如，FitBit 等智能手环设备可以通过感应器监测身体运动情况和睡眠质量，从而为用户提供健康建议。

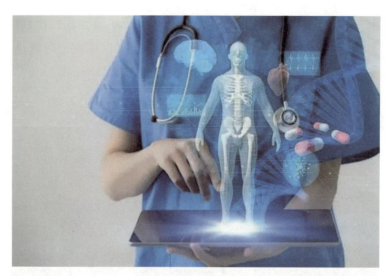

图12-4　智能医疗

智能科技的应用不仅提高了各个领域的工作效率和品质,也为各行各业带来了更多的创意和机遇。

## 三、智能科技的美学价值

### (一) 艺术创作

智能科技的发展为艺术创作提供了新的手段和表现形式。例如,人们利用计算机程序和算法可以生成独特的、复杂的设计和图像。这种技术已经被广泛应用于艺术、设计、娱乐和广告等领域。

虚拟现实(VR)和增强现实(AR)技术的出现,更是彻底改变了人们与艺术的互动方式。通过这些技术,观众可以身临其境地体验艺术作品,从全新的角度和维度去欣赏和理解艺术。艺术家也可以利用这些技术,创作出更具沉浸感和互动性的作品。

然而,智能科技的发展也给艺术创作带来了挑战。例如,算法和计算机程序生成的图像和设计可能缺乏人类的创造性和独特性,过于依赖技术可能会削弱艺术的灵魂和价值。此外,VR和AR技术的发展也引发了关于艺术真实性和原创性方面的争议。图12-5所示的就是AI绘图作品。

因此，在智能科技为艺术创作提供新手段和形式的同时，我们也需要思考如何保持艺术的独特性和高价值，如何在技术与艺术之间找到平衡，以实现艺术创作的更高境界。

图 12-5　AI 绘图作品

（二）艺术表现

智能科技的数字化技术和交互技术可以为传统艺术形式带来全新的展现方式。例如，数字艺术可以利用计算机图像技术和虚拟现实技术，将传统的绘画、雕塑、摄影等艺术形式转化为数字形式，并实现动态展示和互动体验。交互艺术则可以通过传感器、摄像头和交互设备,让观众与艺术作品进行互动,从而增强观众的参与感和体验感。

通过数字化技术和交互技术,艺术家可以突破传统艺术形式的限制,创作出更为生动有趣、互动性更强的作品(见图12-6)。这些新形式的艺术作品可以为观众带来全新的欣赏体验,让他们更深入地理解和感受艺术的魅力。

然而,数字化技术和交互技术的发展也给传统艺术形式的保护和传承带来了挑战。例如,数字艺术的版权问题、传统艺术品的数字化转换的质量和真实性等问题都需要考虑和解决。因此,在智能科技的应用过程中,我们需要关注传统艺术形式的保护和传承,以实现科技与艺术的和谐发展。

图12-6　列菲卡·阿纳多拉作品《机械幻觉——太空:虚拟世界》

## （三）艺术与科技结合

智能科技与艺术的结合可以打造独特的艺术作品和表现形式，其中智能雕塑、互动艺术和智能音乐是最具代表性的例子。

智能雕塑是指利用计算机辅助设计和3D打印技术等手段创作的雕塑作品（见图12-7）。艺术家可以通过计算机软件设计复杂的三维模型，然后利用3D打印机或激光切割机等设备制作实体的雕塑作品。这种创作方式可以让雕塑家更加自由地发挥想象力，创作出更为奇特和复杂的作品。

图12-7　东枫德必×不是美术馆（艺术家：查宋刚）

互动艺术是指通过传感器、摄像头和交互设备等手段，让观众与艺术作品进行互动，产生独特的艺术体验（见图12-8）。例如，在互动艺术作品中，观众可以通过手势、声音或其他方式与作品进行互动，从而改变作品的表现形式或获得独特的反馈。这种艺术形式可以让观众更加深入地参与和体验艺术作品，增强作品的表现力和感染力。

图 12-8　日本新媒体艺术团体 teamLab 的展览现场

智能音乐是指利用计算机程序和算法等手段创作的音乐作品。艺术家可以通过编程语言或音乐制作软件，生成独特的音乐旋律、节奏和音效等。当今社会已经出现了人工智能演奏（见图 12-9）。人工智能演奏的技术原理是通过机器学习将演奏家的音乐表现方式、节奏、速度等要素进行分析，并建立相应的演奏模型，从而在演奏时可以根据人类演奏家的表演风格来生成音乐。同时，智能音乐也可以通过虚拟现实和增强现实技术等手段，让听众产生沉浸式的音乐体验。这种创作方式可以让音乐家更加自由地发挥创造力，创作出更为独特和富有表现力的音乐作品。

图 12-9　人工智能演奏

这些独特的艺术作品和表现形式，不仅丰富了我们的艺术体验，也展现了智能科技与艺术结合的无限可能性。然而，在创作过程中，艺术家也需要关注艺术的本质和价值，保持艺术的独特性和原创性，避免过度依赖技术。

（四）艺术批评和研究

智能科技在艺术领域的应用为艺术批评和研究提供了新的工具和方法。人们通过数据挖掘和分析技术，可以对艺术作品进行深入的分析和解读，发现其中的规律和特征，从而更加深入地理解艺术作品和艺术家的创作思路。例如，可以通过图像识别和分析技术，对绘画作品进行色彩、形状、笔触等方面的分析，探究艺术家在创作过程中的表现手法和思想感情。同时，可以利用自然语言处理技术，对艺术评论和文献进行分析，了解其中的主题、观点和价值等信息。

通过智能科技的应用，人们可以将艺术批评和研究从主观的、经验式的传统方法，转变为客观的、基于数据的研究方式，提高研究的准确性和深度。然而，需要注意的是，智能科技的应用并不能完全替代传统的研究方法，而是提供新的工具和方法，帮助研究者更加全面和深入地理解艺术作品。

（五）艺术教育和培训

智能科技可以为艺术教育和培训提供全新的体验和方式。通过虚拟现实和增强现实等技术，教育者可以将艺术作品和创作过程以更加真实、生动的方式呈现出来，让学生和学员更好地感受艺术的魅力。例如，在绘画教育中，教育者可以利用虚拟现实技术，让学生在虚拟环境中进行绘画练习，通过立体展现和互动体验，让学生更加深入地理解绘画的技巧和精髓。同时，教育者也可以利用增强现实技术，将艺术作品或历史文化场景呈现在学生眼前，让学生在真实的场景中进行学习和体验。

智能科技的应用不仅可以提高艺术教育和培训的效率和效果，还可以让学生和学员更加深入地理解艺术的魅力，激发他们的学习兴趣和创造力。然而，需要注意的是，智能科技的应用并不能完全替代传统的教学方式，而只是作为一种辅助手段，结合传统的教学方法，共同实现艺术教育和培训的目标。

总之，智能科技在美学领域的应用和影响正在逐渐扩大，为艺术创作、艺术表现、艺术与科技结合、艺术批评和研究、艺术教育和培训等提供了新的手段和形式，也为学生提供了更加生动、真实的艺术体验和学习环境。

## 四、智能科技的挑战与未来发展

### （一）人工智能的伦理问题

在人工智能领域，伦理和道德问题备受关注。人工智能技术的发展越来越迅速，尤其是在决策领域，这种技术的出现会对当前人类拥有的权力构成威胁，而且有可能导致权力的集中化。因此，在人工智能技术的发展中，我们如何确保权力分散，同时实现良好的决策效果，是一个需要认真思考的问题。同时，随着人工智能技术的发展，有关机器人自己实施道德判断的问题也受到了关注。一些人认为，机器应该能够做出基本的道德判断，以避免可能的人为错误，而另一些人认为机器不应该拥有道德判断的能力，否则会引发混乱。例如，自动驾驶车辆（见图12-10）在遇到道德困境时如何做出决策，人工智能在数据分析和决策过程中是否存在偏见等。解决这些问题需要制定合适的法律法规和道德准则。

图 12-10　自动驾驶车辆

## （二）数据隐私和安全

人工智能技术的应用需要大量的数据做支撑，而这些数据往往涉及个人隐私和安全问题（见图12-11）。例如，人工智能技术在图像识别和自然语言处理等领域的应用需要使用用户的图片和语音数据，如果这些数据没有得到充分的保护和管理，就可能泄露用户隐私，带来一系列安全问题。如何保障数据隐私和安全是智能科技面临的重要挑战之一。

图12-11 数据隐私和安全

## （三）机器人的普及

机器人作为人工智能技术的重要应用领域之一，正在广泛应用于我们的日常生活和各个行业（见图12-12）。机器人的出现给人们的生活带来了诸多便利，也为各个行业的发展带来了新的契机。例如在农业、医疗、家庭等领域，分别提高生产效率、医疗保健水平、人们的生活质量。

图 12-12 机器人

1. 家庭清洁助手

机器人清洁服务越来越普及,大型扫地机器人和智能吸尘器等可以自主完成打扫卫生任务(见图 12-13)。这不仅方便了人们的生活,也为长时间在家工作的人提供了更好的工作环境。这些机器人使用先进的技术观测家具、墙壁和其他障碍物,并基于该信息制定清洁路线,从而最大限度地减少不必要的清洁时间和费用。

图 12-13 扫地机器人

### 2. 医疗助手

机器人在医疗领域的应用也呈增长趋势，如手术机器人（见图12-14）可在进行高风险手术时替代医生操作，这能够大大缩短手术时间、降低手术危险。另外，穿戴式机器人和机器人手持装置可用于康复治疗，也可以为患阿尔茨海默病的老年人或残疾人提供安全护航。

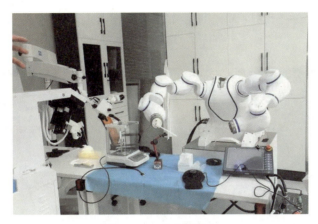

图12-14　手术机器人

### 3. 农业助手

在农业领域，机械化和自动化是农业科技进步的重要特征。机器人在农业中的应用涉及农产品种植、采摘（见图12-15）、除草、施肥等，有望替代大量劳动力完成这些高重复性、低效率的任务。同时，人工智能技术还可以助力农业实现智能化，通过监控和分析农作物的生长情况，提供最佳的种植措施，以提高或保证作物产量。

图12-15　机器人采摘

### (四) 技术变革和就业

智能科技的应用无疑将对一些传统行业和低技能的工作产生更大的冲击，机器人已经在工业制造以及零售业等领域取代了大量的工人（见图12-16）。机器人技术的快速成熟可能导致一些传统职业消失或改变，并对其他职业形成越来越广泛的辐射。这需要人们顺应时代的变化，积极学习新的技术和技能，以适应时代发展的需求。

图12-16 机器人在工业制造中的应用

### (五) 智慧城市的发展

随着科技的快速发展，智慧城市的建构已成为当今社会关注的焦点。智慧城市作为集合了各种先进技术、富含创新理念的城市发展模式，不仅对提高城市运行效率、改善民生质量、促进社会发展产生了深远影响，也为未来城市形态的演进开辟了崭新的道路。智能科技可用于建构智慧城市，例如通过智能交通系统（见图12-17）、智慧能源管理系统等提高城市效率和可持续性，但同时也面临数据隐私和安全、基础设施建设和维护等挑战。

图 12-17　智能交通系统

总之，虽然未来智能科技的发展前景令人振奋，但也面临一些困难和挑战。只有加强国际合作、制定合理政策、注重培养人才和解决伦理问题，我们才能更好地应对挑战，推动智能科技持续健康发展，造福人类社会。

【思考与练习】

1. 智能教育中，人工智能能够完全替代教师的角色吗？请说明你的理由。

2. 智能科技为艺术创作提供了新的手段和表现形式，请结合现有的艺术品，举例说明你所理解的科技之美。

# 参考文献

[1] 李泽厚.美的历程[M].北京：读书·生活·新知三联书店，2009.

[2] 朱光潜.西方美学史[M].北京：人民文学出版社，2002.

[3] 童庆炳.文学概论[M].武汉：武汉大学出版社，2000.

[4] 勒内·韦勒克，贾斯汀·沃伦.文学理论[M].刘象愚，邢培明，陈圣生，等译.杭州：浙江人民出版社，2017.

[5] 李克均，游吟歌.大学美育[M].贵阳：贵州人民出版社，2000.

[6] 李翠梅.大学美育[M].北京：煤炭工业出版社，2005.

[7] 宗白华.美学散步[M].上海：上海人民出版社，1981.

[8] 柯汉琳.大学美育[M].广州：广东高等教育出版社，2020.

[9] 王一川.大学美育[M].北京：北京师范大学出版社，2021.

[10] 蒋勋.蒋勋说唐诗宋词（上下）[M].长沙：湖南美术出版社，2020.

[11] 启功，秦永龙.书法常识[M].北京：中华书局，2017.

[12] 陈振濂.书法美学[M].济南：山东人民出版社，2006.

[13] 傅雷.世界美术常识[M].北京：中国友谊出版公司，2019.

[14] 陈师曾.中国绘画史[M].南京：江苏凤凰文艺出版社，2020.

[15] 大村西崖.中国雕塑史[M].范建明，译.北京：中国画报出版社，2020.

[16] 林琪香.器物滋养：寻访13位日本陶瓷艺术家[M].桂林：广西师范大学出版社，2018.

[17] 宋兆麟.古代器物溯源[M].北京：商务印书馆，2014.

[18] 刘一品，华梅.中国工艺美术史（新版）[M].天津：天津大学出版社，2020.

[19] 鲁道夫·赫富特纳.最美的音乐史[M].王泰智，沈惠珠，译.太原：山西人民出版社，2020.

[20] 克雷格·莱特.聆听音乐[M].7版.余志刚，译.北京：清华大学出版社，2018.

[21] 吴梅.中国戏曲概论[M].北京：中国人民大学出版社，2004.

[22] 陈多.戏曲美学[M].成都：四川人民出版社，2001.

[23] 王国维.宋元戏曲史[M].北京：中华书局，2010.

[24] 汤显祖.汤显祖戏曲集[M].上海：上海古籍出版社，2010.

[25] 吴新苗.戏曲文化[M].北京：中国经济出版社，2014.

[26] 张庚，郭汉城.中国戏曲通史(上中下)[M].北京：中国戏剧出版社，1980.

[27] 吴军.全球科技通史[M].北京：中信出版集团，2019.

[28] 黄庆桥.科技成就中国[M].上海：上海交通大学出版社，2020.

[29] 史蒂芬·卢奇，丹尼·科佩克.人工智能[M].2版.林赐，译.北京：人民邮电出版社，2018.

[30] 陈馈，王江卡，周蓓.中国高铁[M].南京：译林出版社，2019.

# 后 记

在完成了《大学美育》这部作品的撰写之后，我们深感美育对于大学生活乃至整个人生的重要性。美育，作为培养人们审美能力和创造能力的教育形式，其目标不仅在于提高个体的艺术素养，更在于塑造一个具有全面素质的人。

在大学阶段，学生们正处于人生观、价值观形成的关键时期。美育课程通过引导学生欣赏美、创造美，使他们在审美层面上得到感悟与提升。这种感悟与提升，不仅有助于学生们更好地理解艺术作品，更能够激发他们的创造力和想象力，从而在未来的生活和工作中发挥出更大的潜力。

同时，美育课程也注重学理与实践的结合。通过实践活动，学生们能够亲身感受到美育教育的魅力，进一步加深对美的理解和认识。这种理论与实践相结合的教学方式，使得美育课程更加生动有趣，也更容易被学生们所接受和喜爱。

在撰写本书的过程中，我们深感美育教育的广泛性和深远性。它不仅关乎个人的成长与发展，更关乎整个社会的文明与进步。因此，希望通过这部作品，能够唤起更多人对美育教育的重视和关注，让美育成为大学生活中不可或缺的一部分。

最后，要感谢所有为美育教育事业付出辛勤努力的人们。正是有了你们的支持和参与，才使得美育教育能够在大学校园中生根发芽、茁壮成长。我相信，在未来的日子里，美育教育将会发挥出更加重要的作用，为培养更多具有全面素质的人才做出更大的贡献。

本书由豫章师范学院的八位老师共同完成。全书约25万字。其中，吴洁老师撰写了11万字，余朝霞老师撰写了2万字，姚文静老师撰写了6万字，水天慧老师撰写了2万字，乔治老师撰写了2万字，谢怡老师撰写了2万字，胡江老师撰写了0.5万字，张毓敏老师撰写了0.3万字。在写作过程中老师们参考了许多相关的研究成果，在此向这些成果的作者表达诚挚的谢意！由于水平和精力有限，尽管老师们在写作过程中力求完美，但是不足之处在所难免，恳请各位专家、读者不吝赐教。

编者

2023.12

## 引用作品的版权声明

为了方便学校教师教授和学生学习优秀案例,促进知识传播,本书选用了一些知名网站、公司企业和个人的原创案例作为配套数字资源。这些选用的作为数字资源的案例部分已经标注出处,部分根据网上或图书资料资源信息重新改写而成。基于对这些内容所有者权利的尊重,特在此声明:本案例资源中涉及的版权、著作权等权益,均属于原作品版权人、著作权人。在此,本书作者衷心感谢所有原始作品的相关版权权益人及所属公司对高等教育事业的大力支持!